1

El Último Vínculo

Aurelio Toledano de Diego

Primera Edición Septiembre 2016

Diseño de Portada – Imagen de atardecer

Registro de la Propiedad Intelectual 09-RTPI-07555.2/2016

Depósito Legal M-38178-2016

Hecho e Impreso en Madrid – España

"Este libro ha sido escrito, de manera espontánea tal como fluían las ideas, sin ser escrito por "un negro", ni ser maquetado, ni pasado por un revisor ortográfico. De forma que todos los errores que puedan hallar en él, deberán quedar supeditados a la frescura de la escritura".

Prefacio

Existe una cosa que es inexcusable y es, como el ser humano trata de huir de todo lo que suene a fúnebre. Como no queriendo llegar a entender que la muerte hace parte de la vida, ya que es el ciclo final de ésta. Quizá sea por esa transmisión de no asumir que la muerte es algo natural y que por más que se luche, tarde o temprano a todos nos llegará la hora. Por eso hay personas, que no quieren ni oír hablar de nada que tenga que ver con ella, como si les entrase el pánico. Creyendo que evitar cualquier tema relativo a ella nos protegerá de que no nos toque. Se les hace raro y no consiguen llegar a digerir, que existan personas que disfrutan visitando cementerios. Pero es que hay que quitarle esa connotación morbosa, que se les da a los que disfrutan con ello. Al fin y al cabo, en muchos cementerios hay unas manifestaciones de arte bellísimas, además es donde duermen su sueño eterno nuestros seres queridos, etc. Son una representación de nuestra historia, donde figuran muchísimos personajes que hicieron parte de una época en cada momento que les tocó vivir. Por eso debemos luchar por quitarles ese ambiente tétrico y en su lugar otórgales el papel que les corresponde de descanso y paz de los que yacen.

Madrid, 13 de Octubre 2016

Prólogo

En este libro he tratado de condensar todo lo que abarca la muerte con todas sus etapas y vocablos periféricos. Para que así consiga hacer reflexionar, sobre el sentido intrínseco de ella. Para comprender lo que significa cada vocablo de cada etapa.

Morir solo se muere una vez, por lo tanto, no hay que agobiarse pensando que se va a saber o notar lo que se padece o no, al revés servirá, para clarificar las ideas en lo que concierne a cada apartado de ella, que quizá antes de leerlo.

Las cosas cuando toquen ya habrá que aguantar, de nada vale que nos a agobiemos antes. Porque con ello nada va a cambiar.

Quizá sirva para entender mejor cada fase de la muerte, con sus lugares periféricos. Para de esa manera tener una percepción que nos acerque más a la cruda realidad, sin otorgarle ese carácter morboso que se atribuye a todo lo relacionado con ella. Cosa infundida por nuestro pánico al final. Para unos de todo y para otros de la vida terrenal.

Asumiendo así con mayor naturalidad algo que, aunque nos apene, hace parte del ciclo de la vida, aunque represente el hasta nunca.

El recorrido por la necrópolis

Si hay algo que ha traído de cabeza al hombre a través de su existencia, eso ha sido la **"muerte"**. Desde los tiempos en que éste empezó a tener conciencia de ella, en la escala evolutiva. Ya que significa el final de la vida biológica para todos, aunque a algunos les quede el consuelo de tener la vida eterna.

El caso es, que como nadie **"ha vuelto para contarlo"**, ante la duda de que habrá más allá, en el inframundo; el ser humano se sigue **"agarrando"** con fuerza a la vida. Para los ateos, porque significa el final más absoluto, mientras que para los creyentes el no saber cómo será esa vida eterna…les infunde también congoja. De forma que se agarran de igual forma a ésta.

Es normal, que, a pesar de haber tenido muchos problemas y sinsabores en la vida, aun maldiciéndola mucho, si asoma **"La Pelona"**, nos aterra solamente ya la idea del final.

Agarrándonos con uñas y dientes a la vida, lo cual significa que no se debe estar tan mal en el mundo de los vivos. De lo contrario, si tanto se habla del reconforto y paz junto a dios para la vida eterna, más de uno se sentiría dichoso de marcharse para esa vida tan idílica. Cosa que, salvo los suicidas, nadie se apunta. ¡Pero leches! Mucha religión y mucha espiritualidad, pero nadie se quiere ir junto a dios, con lo bien que dicen que se está. Y eso que según pregonan es todo confortable, pacífico y placentero, pero nadie se quiere ir antes del tiempo, mucha paz con dios, pero marcharse de ésta ni hablar, solo cuando toque irremediablemente. ¿Será por si acaso?

Recuerdo cierta vez, de un enfermo ya desahuciado, al que el sacerdote de la parroquia, cada vez que venía a visitarlo, le decía

Fulanito **"hay que ir preparándose"**. Lo cual me hacía pensar, vaya ánimos le infunde, menudo cura. Lo que hacía que el moribundo, se revolviese. Ya que aun encontrándose muy mal, no arrojaba la toalla. Cosa que muchas veces te hace plantearte, ¿qué tipo de creencias tendrá cada cual? Ya que parece que la religión no consigue aplacar, el deseo por la vida terrenal. De lo contrario debería estar dando blincos de alegría al que le toca.

 Quizá en la cultura occidental, no estamos preparados para recibir **"la muerte"** de forma natural, como fin del ciclo biológico, como en otras culturas. Y eso es lo que nos hace abordarla con más dramatismo, poniendo en duda si la gente cree de veras en la vida eterna. Ya que debería ser objeto de envidia, **"la muerte"** si es como dice la religión, que es lograr la paz, nada de sufrimiento, estar arropado por dios; etc. Pero nada, el hombre egoísta como es, no le basta, aun sabiendo que tendrá la resurrección. Se aferra a lo terrenal y hace planes para cuando tenga más de 90 años. Haremos un pequeño recorrido de todo lo que conlleva **"la muerte"**, para tener un concepto con más propiedad que nos aclare las dudas sobre varios apartados que tiene ésta, empero que causa dudas en muchos, por su poco o nulo conocimiento de ellos. Previsor como es el ser humano, empezaremos por hablar de las pólizas de decesos, que son aquellas que, en distintas modalidades, abarcan los gastos de sepelio. Que variarán según lo que desee cada cual, según dispendio a sus voluntades. Porque, aunque significa el final, hasta para eso hay pomposidad, lo que hará variar los gastos. Ya que somos presumidos hasta, después de muertos. Y claro está, uno ha de **"quedar bien"** ante los demás. La forma más común de sufragar sus gastos de entierro es, pagando una pequeña cantidad de dinero mensualmente, cosa que hacen varias aseguradoras. Dicho pago consiste en que suscribes una póliza, la cual pagarás de por vida, mientras no la canceles o te hayas muerto. ¡Ojo! No podrás hacer uso de ella hasta que haya pasado el periodo de carencia. Así que sé previsor y **paga**, no vaya a ser que nunca mejor dicho, vayas a **"dejar el muerto"** a los demás.

El comercial funerario

Si estás interesado, acudirá un comercial a tu casa, que te rellenará un formulario, según gustos y preferencias.

Toc…toc… -¡buenas tardes señora!

- Buenas tardes, ¿es usted el de los muertos?

- Si señora, soy el comercial de CIA.

-Vengo para asesorarla en la póliza de decesos, ya sabe la comúnmente llamada **"de los muertos"**.

- ¿Usted va querer el ataúd de madera, hierro o zinc?

- ¿Cuál me sale más barato?

-El más barato, sale el de madera.

-Pues ese.

- ¿Lo va a querer de conglomerado, pino o madera noble?

- Verá, los tiempos no están para grandes dispendios. El de conglomerado creo que va a dar un aire un poco cutre y el de madera noble, sale muy caro. Por lo tanto, creo que el de pino está muy bien ya que ocupa un lugar intermedio entre la suntuosidad y la cutrez.

- ¿Lo va a querer barnizado o lacado?

- ¿Cuál sale más caro?

-El lacado señora.

-Barnizado entonces.

- ¿Lo va a querer acolchado, con música o ventana?

-Eso lo va a encarecer mucho, ¿no?

-Si señora hace subir el precio, pero todo es poco por el ser querido.

-Pues nada de eso. Total, para donde va   no le hace falta confort, ya que va a estar tumbado, música como que tampoco, que ya va a dormir el sueño eterno y una ventana con vistas, como que no, que allí está muy oscuro. Ya le iluminará dios.

- ¿Querrá corona de flores con bandas de dedicatorias?

-No, que seguro que eso hace subir mucho la póliza.

- ¿Querrá publicación de esquelas en los mejores periódicos de su ciudad?

-No, que seguro que encarece mucho.

-Total ya le llevaré yo un ramito de flores y ya me encargaré por el boca-boca, que la familia se entere del fallecimiento de mi Serafín.

La ciudad de los muertos

Los cementerios (dormitorios) son los lugares asignados para enterrar y conservar el recuerdo de los nuestros que yacen ahí. Carlos III ya quiso trasladar los enterramientos y cementerios a las afueras de las ciudades. Pero este deseo, chocó con los deseos de la Iglesia. Fue a comienzos del siglo XIX que con José Bonaparte (Pepe Botella), en el trono, que se empiezan a construir los primeros cementerios extramuros. Por la real orden 28 de Agosto 1850, los cementerios madrileños no se podían situar a menos de 1500 varas, tanto por el norte como por el sur del centro.

Tampoco situarse ningún cementerio en la orilla izquierda del río Manzanares. La necesidad de éstos, vino determinada por la costumbre que había anteriormente de querer enterrarse en las iglesias. Cuanto más cerca de la sacristía mejor, para estar más cerca de dios. Como es de entender, ese lugar privilegiado estaba asignado, según los posibles del difunto (la justicia divina). Empero, como los más humildes también querían estar cerca de dios, se conformaban con ser enterrados alrededor de la iglesia, ya que no disponían del dinero para hacerlo dentro. Pero el aumento de población en las ciudades hizo insuficiente el espacio que había dentro y en los alrededores de las iglesias. Eso, unido al hedor que se sentía durante las celebraciones en la iglesia, a cadáver, hacían insoportable la misa.

Los cementerios fueron proliferando, bien fuesen municipales o parroquiales, musulmán, judío, protestante; etc.

Municipales – En la capital hoy en día quedan como La Almudena, el más grande de España inaugurado en 1884 que engloba también el cementerio civil y el hebreo. En él hay enterrados más de 5.000.000 de personas. El cementerio civil fue el destinado a todos aquellos que morían fuera del seno de la iglesia, los librepensadores son las figuras más destacadas de él, como los presidentes de la I República, personajes importantes de la II República; etc. El cementerio hebreo, para acceder a él hay que hacerlo desde una puerta que hay dentro del civil, con un tamaño de 1 hectárea, en cada sepultura solo hay un cuerpo enterrado, tal como manda el ritual religioso judío. El cementerio de Fuencarral, inaugurado en 1896, el cementerio de Canillejas, el cementerio Cristo de El Pardo, el cementerio de Aravaca, el cementerio de Canillas, el cementerio de Barajas, el cementerio de El Pardo, donde están enterrados las personalidades de afectos al franquismo, cementerio de Villaverde y Cementerio de Carabanchel.

Sacramentales – El cementerio de San Isidro es el más antiguo de Madrid 1811, de indudable valor histórico por sus monumentos escultóricos, con un tamaño de 120.000 m2. El cementerio de San Lorenzo y San José 1851, consta de 13 patios, está considerado bien de interés cultural de la Villa de Madrid. Cementerio Sacramental de Sta. María, 1841 fue construido a raíz de la prohibición de enterrar en las iglesias por José Bonaparte (Pepe Botella). Cementerio de San Justo 1846, pegado al de San Isidro, solo separado por una tapia.

Desaparecidos - Cementerio General del Norte 1809-1884, construido por el arquitecto Juan de Villanueva, su construcción estuvo interrumpida por la guerra de independencia. Se adoptó el sistema de enterramiento con nichos, copiado del Cementerio Père Lachaise (París). Fue clausurado en 1884. Cementerio General del Sur 1810 situado cerca de la Puerta de Toledo, conocido como el cementerio de los ajusticiados, por los ajusticiados en la plaza de la Cebada, fue un cementerio descuidado y con un estado ruinoso, siendo usado hasta 1905. Cementerio de Chamartín de la Rosa, era el cementerio de dicho pueblo hasta que fue anexado a Madrid y posteriormente fue expropiado para construir los aparcamientos de la Estación de Chamartín. En lo que quedaba de éste se construyó un campo de futbol en 1978. Cementerio de San Sebastián 1821-1925, fue construido por la prohibición de enterrar en las iglesias, Sobre su solar se construyó después la fábrica de cervezas El Águila. Cementerio de San Martín y San Ildefonso1849, situado donde ahora está el complejo deportivo de Vallehermoso, fue clausurado en1884. En la plaza de la Cebada, existió un cementerio musulmán.

Las experiencias cercanas a la muerte

Es la experiencia que han pasado las personas que han estado a punto de morir o han estado muertas clínicamente, pero han sobrevivido.

Pasando por varias fases, como son la del paciente sentirse flotar, llegando inclusive a oír su propio fallecimiento. Después inicia un traslado por un túnel muy oscuro con relativa rapidez. Percibe una figura al final del túnel donde la luminosidad crea como un halo a su alrededor. Dejando de sufrir dolor y molestias, logrando una paz interior. Tiene la percepción que familiares y difuntos vienen a su encuentro. Según las creencias religiosas de cada cual, admiten oír una voz, que parece como dialogar con ellos, como si supiese de toda su vida. Ve como pasar la película de su vida, con todos los puntos trascendentales de ella. Alguno ve como un obstáculo que le indica que aún no ha muerto y que debe volver, aun sintiendo una tranquilidad acogedora. Sentimiento de pesar que sufre por haber vuelto a la vida terrena, por no poder permanecer en el más allá. Le invade el sentido del miedo a contar a los demás lo que ha vivido, por creer ser objeto de burla o tomado por loco. Pierde el miedo a morir, no sintiendo esa angustia a que suceda, con la sensación de una transición a una realidad superior más feliz. Cambio radical de los valores de la vida, dando prioridad al amor, la coexistencia y armonía de todos los seres, en detrimento de lo material.

Hipótesis, espiritual, son una prueba de la separación del alma o espíritu se separa del cuerpo físico, para dirigirse a otro reino.

Psicoanalítica, forma de disociación o despersonalización que actúa frente a la amenaza de la muerte.

Fisiológica, explicación de la desconexión neuropsíquica, donde las neuronas empiezan a dispararse anárquicamente, ante la falta del oxígeno del cerebro Produciendo una hipoxia cerebral, la corteza visual se desinhibe. Produciendo una percepción de que ese disparo aleatorio es la visión de un centro más iluminado, que se va ampliando a medida que las células empiezan a descargar. Es el principio de la desconexión cerebral.

Existe entre los escépticos el criterio, de que todo eso no son más que alucinaciones, ya que la figura del tan renombrado **"túnel"** que se ve en esas situaciones, también ocurre cuando se sufre un ataque de epilepsia o migraña. También al quedarse dormido, meditar o relajarse.

Lo cual atribuye que el origen del **"túnel"** está en la estructura de la corteza visual, lo que provoca que el cerebro la desinhibición, lo que produce mucha actividad en éste.

Con lo cual, esa atribución que le quieren dar algunos de paranormal ligada a   la religión, no tiene fundamento alguno desde el punto de vista de los escépticos.

Por lo tanto, la reacción hacia esa situación que se produce, cada cual le dará un significado según sus creencias.

La extremaunción

Es el paso previo a la muerte, que recibe dentro del acto litúrgico de las iglesias católica, ortodoxa y anglicana el enfermo al cual se administra el **"artículo mortis"** (a punto de morir). Al cual se persigna con el óleo sagrado, para fortalecerlo y reconfortarlo en su enfermedad y prepararlo para el encuentro con dios. Dicho óleo bendito está compuesto por aceite de oliva, aromatizado con Sándalo o Romero. Se aplica a todo aquél que por su condición no se pueda confesar, perdonándole sus pecados. Se pone el santo óleo sobre una mesa, revestido con la sobrepelliz y la estola morada. Se presenta la cruz al enfermo para que la bese, rociando a continuación el aposento y los circunstantes con agua bendita, profiriendo los versículos correspondientes.

Se cuenta el caso de un hombre que, debido a su extrema gravedad, la familia llamó al sacerdote, para que le fuese concedida la extremaunción. Y este que a lo largo de su vida había sido un considerable avaro, que solo se había preocupado en acaparar dinero, propiedades y demás cosas materiales; era tal su obsesión por todo lo que tuviese que ver con el dinero que, que al acercársele el sacerdote para que besase la cruz, en su estado posiblemente moribundo empezó a gritar…es de Oro, …es de Oro, …es de Oro. Haciendo pasar a la familia que le rodeaba en esos momentos una situación de bochorno, por la vergüenza al comprobar que su familiar, aun estando a punto de expirar, solo pensaba en el dinero. Confirmando su obsesión por dicho metal, como lo había sido toda su vida de prestamista, que recibía Oro de los que acudían a él, como garantía del dinero prestado. Y como mucha gente en su estado de carencia, no era capaz de saldar dicho préstamo, éste se quedaba con las piezas de Oro, lo que le originó pingües beneficios.

La eutanasia

Vocablo que procede del griego, significa buena muerte. Es la acción u omisión que acelera la muerte en los pacientes desahuciados, con su consentimiento Existen dos tipos de eutanasia, la **activa** o **pasiva**. También llamada **eutanasia directa**, es la que se aplica para adelantar la hora de la muerte, cuando es una enfermedad incurable. Ésta puede ser **directa**, cuando se utilizan fármacos que provocan la muerte. **Pasiva**, cuando se omite un tratamiento o alimentación, para provocar el término de la vida, es una muerte por omisión..

Eutanasia indirecta, es la que se verifica cuando se efectúa con intención terapéutica, con procedimientos que pueden producir la muerte, como efecto secundario. Como los analgésicos para calmar los dolores.

Suicidio asistido, significa proporcionar de forma intencionada y con conocimiento a una persona, los medios o procedimientos para suicidarse.

Cacotanasia, es la eutanasia que se impone sin consentimiento del afectado.

Ortotanasia, consiste en dejar morir a tiempo, sin emplear medios desproporcionados y extraordinarios para el mantenimiento de la vida.

Distanasia, consiste en el encarnizamiento y ensañamiento terapéutico mediante el cual se procura posponer el momento de la muerte.

Medicina paliativa, reafirma la importancia de la vida y considera a la muerte como la etapa final de un proceso normal. Provoca alivio del dolor y otros síntomas angustiosos.

Al ser humano, nadie más que él puede decidir si quiere o no seguir viviendo. Ya que tiene derecho a tener una vida digna o no querer seguir con ella si considera que no reúne la calidad que el cree.

La religión está en contra totalmente de la eutanasia, según sus principios solo a dios toca decidir, cuando alguien debe o no seguir con vida.

Lo que carece de toda ética es, mantener alguien con vida, sin calidad alguna de vida y sufriendo unos dolores insoportables. Solo en base a unos preceptos religiosos. Por desgracia, la religión nunca marcha a la par que la sociedad, yendo siempre atrasada en relación a ésta.

La muerte

Es el final del ciclo biológico, donde a partir de ahí, cada cual, según sus creencias, obrará de una manera u otra. Lo normal es que, en casi todas las religiones, al final el fallecido sea sepultado paro con las nuevas modas, hay otras variantes, como la criogenización, la cremación, hacer un diamante con las cenizas del finado, además de las de siempre, como dar sepultura en tierra, nicho, panteón, urna; etc. De estas variantes se aplicará aquella escogida en vida por el finado o por decisión de los parientes, como:

Criogenización - Es la que requiere mayor prontitud para su aplicación. Se trata de congelar el cuerpo del inmediatamente fallecido en una solución de nitrógeno a (-196º C). En una capsula de acero inoxidable.

Es el método al que recurren aquellos que buscan la inmortalidad y que han fallecido por causas que la medicina actual no puede dar soluciones. Esperando que, en un futuro, puedan ser reanimados y curados de la dolencia por la cual fallecieron. Aunque hay mucho escepticismo, sus detractores dicen que, al formarse hielo, las células quedan inservibles para una futura reanimación. Sin embargo, sus partidarios se aferran a la idea de que en el futuro eso se podrá subsanar. En el aspecto moral, queda la duda, en caso de que fuese viable, como sería reanimar a un muerto, para que viviese en un mundo en que ya no queda nada de lo que conoció.

Cremación - Es la práctica para quemar un cuerpo humano muerto, en un horno capaz de alcanzar temperaturas (870 a 980º C) hasta transformar la masa corporal en cenizas. Se utilizan combustibles como el gas natural o propano. La cámara donde se deposita el cuerpo para su incineración se conoce como **"retorta"**. En 1963 el

Papa Pablo VI levantó la prohibición para la cremación. En algunas parroquias existen "cinerarios", donde los fieles pueden depositar en "sagrado" las cenizas. Estas son entregadas a los familiares del finado depositadas en una urna funeraria.

Diamante - Los familiares pueden escoger joyas que van desde los 0,3 hasta los 3 quilates. El proceso de elaboración puede durar de 5 a 6 semanas. Se requieren 500 gr. de cenizas de los 2,5 o 3 kg. que genera un cuerpo incinerado. Que requiere 1700 ° C de temperatura, una vez obtenido en bruto se pule según los gustos del cliente.

La muerte bajo el prisma religioso

Como es obvio, el ser humano, no puede asumir que una vez muerto vaya a dejar de existir. Por eso todas las religiones tienen algo en común que es, que la muerte no significa el fin. Con las variaciones de cómo cada cual lo expone, todas tienen ese halo de esperanza de que la vida de alguna forma continua.

Católicos – La muerte forma parte de la vida, es la fase terrenal en la que, al morir, pasamos a la espiritual, esperando en la resurrección que tendremos como parte de la vida eterna que nos dio Jesús con su muerte.

Musulmanes – No es más que una parte más de la vida terrenal, la muerte nos llevará al Paraíso o Infierno, según nuestros actos en la vida terrenal. Que evidencia la igualdad entre los hombres ante dios. Signo de justicia que prevalecerá el **"día del juicio final"**.

Budistas – Se apoya en la creencia de la supervivencia, que hay un más allá que nos asegura la inmortalidad espiritual del alma. En que nos basta llevar un cierto tipo de vida adecuado a ciertas normas.

Judaísmo – Se concibe como la separación del alma y el cuerpo. Como el final natural de la vida y el paso a un mundo futuro. La Toráh ordena que el cuerpo sea sepultado de inmediato.

Espiritismo – Para ellos la muerte no existe, ya que la muerte del cuerpo no significa el fin del espíritu, sino que, es la transición del material al espiritual. En que el espíritu continúa con todas las experiencias vividas, hasta producirse una nueva reencarnación.

La aventura por los cementerios

Son las 18:15 horas, estoy frente a la entrada del cementerio, la tarde está con un cielo plomizo, hace mucho aire y se ve la hojarasca que forma remolinos. Llovizna muy levemente, siento el viento chocar contra mi faz, me adentro por la puerta principal, para iniciar mi visita a la morada de los muertos.

Empiezo a deambular por medio de las sepulturas, en la zona antigua, se nota el deterioro del paso del tiempo, con las lapidas medio rotas, las letras desgastadas, sepulturas ennegrecidas y el musgo que las ha forrado por la humedad.

La atmosfera se nota enrarecida, si se usase un **psyleron** se percibiría como está cargada por el sufrimiento de los miles sino millones de personas, que han padecido el dolor de los que partieron para la vida eterna. Es un aparato que consigue medir el azar, donde a partir de probabilidades binarias dependiendo de si la medición se hace donde se vive una gran tristeza o un fervor religioso, caso de los cementerios. Es la frontera entre la ciencia y lo paranormal, quizá porque a día de hoy, aún no se ha conseguido encontrar la explicación a esa variable. Es una energía que, aunque de forma latente e inexplicable, se percibe que está ahí. El espacio y tiempo de determinados lugares sometidos a energías fuertes quedan impregnados de esa energía. Ya que el aparato demuestra que el azar se determina por el sufrimiento, la alegría o en definitiva, estados de ánimo de los seres vivos. Mucho nos hace meditar, qué final tuvieron, al fin ya no son más que huesos y recuerdos.

Mientras caminas por en medio de los innominados, vas observando las particularidades que reúne cada sepultura. Te fijas en las fotos, en los epitafios, en las fechas de nacimiento y defunción, en la suntuosidad o sencillez de las sepulturas; etc. Porque todas ellas tienen algo que decirte, aunque no lo parezca inicialmente. Vas viendo desfilar, cantantes, figuras del espectáculo, toreros, políticos, gente de la realeza, alta sociedad y hasta asesinos y ladrones famosos.

Cada una de ellas guarda, un mensaje de lo que quiso poner el finado, de sus deudos, instituciones: etc. Que te deja entrever quien fue cada cual. Contemplas fotos de singular belleza, testigo de lo que fueron en vida los finados, otras que desprenden ternura e inocencia, las de niños, que dejan como último recuerdo sus caritas angelicales, que sus papás quisieron perpetuar, quedándose con la mejor imagen que el recuerdo les lleve hasta el final.

La climatología, se hace cómplice de lo macabro y fantasmagórico, con una espesa niebla imponiéndole casi siempre con un halo de misterio. Causando hasta un cierto repelús, que impone.

Me fijo en una sepultura ruinosa, donde aún se pueden leer las fechas del finado, nació en 1832 y falleció en 1928. O sea, vivió la friolera de 96 años, todo un record en aquella época, pudiendo comprobar que no sé si algún familiar fue capaz de enterrarla en vida. Ya que por los nombres que figuran en la sepultura, se deduce que, enterró al marido, a los hijos y hasta algún nieto. Correosa era sin duda la mujer, sí señor. Su foto enmohecida parcialmente, aun dejaba un resquicio para poder comprobar, que fue una mujer muy elegante. Que seguro que hizo a más de un conocido de su época creerla inmortal. Ya que las enfermedades infecciosas eran las que barrían en aquel tiempo a las personas, con una media de vida de unos 45 años.

Se hace difícil asumir, al observar las fotos, que esas personas que en ellas aparecen llenas de vida, ahora solo quede una lápida sobre una sepultura ruinosa.

Pero así son los cementerios, esos dormitorios de la vida eterna, en que yacen aquellos que en su inmensa mayoría fueron enterrados con la creencia en la resurrección. Donde en algunas de las sepulturas apenas queda vestigio de los que la ocuparon en su día. Cuya finalidad fue, conservar el recuerdo de los ausentes, pero que el paso inexorable del tiempo, fue borrándolo del recuerdo de la familia. Pasando a ocupar un lugar en la lista de los innominados. Me impresiona contemplar un nicho de pared que, al estar en una zona umbría de una esquina, el musgo ha recubierto casi todos los datos. Rasco para despegarlo y poder leer de quién se trata, sorprendiéndome al hacerlo, al dejar al descubierto una fotografía esmaltada donde se puede contemplar una mujer con un rostro bellísimo nacarado. Pone 22 de Diciembre 1913 como fecha del obituario, se nota que tiene apellidos de alto abolengo, señal que debió pertenecer a la alta sociedad. Contemplo entristecido que final nos espera, quedar huérfanos en el olvido de los nuestros.

Los cipreses emergen como fieles guardianes de los que pertenecen al inframundo, que con su majestuosidad atenúan, el ambiente lúgubre que puede inculcarse en los que acuden a visitar. Ya que con su altura infunden cercanía al cielo y alejamiento de lo terrenal. Mientras crisantemos y malvas, completan su armonía matizando esa dualidad entre la vida y la muerte, con su belleza.

El velatorio

Ritual ancestral, donde los más allegados pasan normalmente una noche de vigilia, con **"el cuerpo presente"**, rodeado por los **"comensales"** que parecen a veces que se van a comer al muerto. Entre llantos, sollozos y lágrimas, donde generalmente sobre todo en los pueblos, las mujeres más propensas al histerismo, dejarán escapar hasta algún grito…Oh Dios mío, ¿cómo te lo llevaste tan pronto? Si solo contaba con la edad de 93 años. Pasándose toda la noche rezando el rosario por el alma del difunto, los hombres menos proclives a tales escenificaciones dirán las palabras de pésame de rigor…"**te doy mi pesame**", "**te acompaño en el dolor**", "**está mejor con dios que vivo en este infierno**"; etc. Todas las retahílas que suelen decir al familiar del difunto. Pero que en el fondo está pensando, a ver cómo me puedo escapar lo más rápido e ir a **"echar unas lágrimas"** con los amigos al bar más próximo. En medio del velatorio, oirás a alguien sonarse los mocos, con el llanto acrecentado…ai…ai…ai, para que quede constancia a los presentes, que la viuda está sufriendo muchísimo Mal saben algunos, que por dentro estará pensando… ¡de la que me he librado! Mirando de reojo, antes de volver a repetir el ay…ay…ay.., a los presentes. Y en ese ritual repetitivo irá transcurriendo la noche de vigilia. Antiguamente cuando la religión tenía una presencia más acentuada en nuestra sociedad, "los que tenían posibles" solían contratar **"plañideras"**, mujeres que se contrataban y se pasaban llorando todo el velatorio, para dar un aire más dramático, poniéndole más énfasis, contagiando a muchos de los presentes. Previo pago, claro está.. Hasta que la luz del amanecer, hacía pensar a más de uno, dios mío **"parecía que esto no se iba a acabar nunca"**.

El mortuorio

De un tiempo para acá, aunque el ser humano se ha ido desprendiendo de sus creencias religiosas. Por ende, sin embargo, parece que le ha cogido más miedo a la muerte. Quizá justamente por eso, antes al menos estaba más extendida la creencia en la vida eterna, ahora al no tener ya ese factor de consuelo, su apego a la vida terrenal es mucho mayor.

Y tanto es así, que hasta se ve reflejado en el cambio de nuestro vocabulario, tratando de desterrar todas las palabras que recuerden a la muerte. Siempre se dijo, Mortuorio, ahora sin embargo se dice Tanatorio. Que, aunque la mayoría de la gente no lo sepa, es exactamente lo mismo, pero en otro idioma, del griego **"thanatos"** (muerte). Los que en su día decidieron cambiarlo dirían, total suaviza el concepto y total estos **"analfabetos"**, no saben que significa exactamente lo mismo. Pero parece que así siguiendo la política **"del avestruz"**, para no ver la realidad, se consigue que el **"rebaño"** vaya más sosegado. Pero así es el ser humano, tratando de disimular poniendo nombres que hacen referencia a la muerte, pero que no suena a ésta. Así de gilipollas somos en el fondo.

Hay que reconocer que los empleados del mortuorio, que son los encargados de hacer presentable **"el muerto"** a los vivos, tienen su mérito. Ya que muchos de los que han fallecido por accidente, éste los ha dejado desfigurados o sino los que mueren por enfermedades que dejan el cuerpo en un estado de deterioro lamentable. Y a ellos les corresponde reconstruir su apariencia, para que estén lo mejor posible visibles. Si se tiene la ocasión alguna vez de observarlos en su tarea, parecen auténticos malabares. Dado que los cadáveres presentan esa **"rigidez mortis"**, que cuesta poder manejarlos. Pero ellos se las apañan para poder bañarlos y asearlos, moviéndolos con gran destreza en esas bañeras redondas propias para el cometido. Su situación laboral, también requiere que además de una gran fuerza mental, tienen que tener un gran **"estómago"**, para asumir todas las situaciones nauseabundas que tienen que afrontar, como hedores, desfiguraciones, monstruosidades por enfermedades etc.

Prueba de como se trata de evitar todo lo que le recuerde a muerte, está en que es típico ponerse a contar chistes, en el velatorio o entierro. Seguramente son los nervios, tratando evitar de pensar en lo obvio, que les espera. De que nos llegará el turno y aunque los creyentes tengan el consuelo de que les queda la vida eterna, cuanto más tarde llegue ésta, mejor. Lo que te hace reflexionar si creerán de verdad en ella o por si las dudas, se la cuestionan. A veces llega a ser vergonzante, como ante un hecho luctuoso, haya semejante jolgorio, cuando lo que debía imperar es el silencio. Y algunos hasta llegan a **"cortarse"**, de que le salgan carcajadas por algún chiste gracioso que ha contado algún simpático, estando el finado de cuerpo presente.

Otra cosa que también es típica es, que estando con el ataúd delante, ya empiecen las rencillas, por el reparto de la herencia. Cosa que llega a veces a desembocar en peleas, que llegan hasta las manos. Parece ser que el ser humano, ante su avaricia por todo lo pecuniario, no es capaz siquiera de controlarse ante el muerto. Esa falta de decoro, no tiene excusa posible, de que sea a causa de los nervios, etc. Sino que aflora el instinto depredador, que les hacen perder los papeles. Aunque también es posible que, dentro del refranero español, se suele decir: **"el muerto al hoyo y el vivo al bollo"**. Recuerdo un caso, que estando el **"el cuerpo presente"** del padre en la iglesia, los hijos empezaron a hablar de la herencia y claro está empezaron las desavenencias El que parecía guiar el cotarro, llevaba encima el dinero que le correspondía al hermano menor, haciéndole entrega de éste, allí mismo. Este absorto con el dinero en la mano, soltó un exabrupto… ¡Me cago en Dios! ¿Esta mierda de dinero es la que me toca? Tirando el dinero por el suelo. Los presentes disimularon mirando para otro lado, ante la vergüenza que les estaban haciendo pasar los dos hermanos. Pero ya sabemos que cuando se trata del **"vil dinero"**, ni familia ni leches.

Para los creyentes, también a veces resulta patético, que yendo como van a misa, donde dan tanto golpe de pecho que hasta parece retumbar, rezan tantas plegarias y que creen firmemente en la vida eterna llena de paz, que les entre congoja solo de pensar en **"ella"**.

Recuerdo una vez que acudiendo a un acto funerario en el mortuorio, había mucha gente y era que, por lo visto, la finada había tenido una familia bien numerosa. Habiéndose reunido toda la familia que estaba extendida por todo el país; se oían llantos y gemidos de dolor, entre los presentes…ay..ay..ay. Algunas, llegaban a parecer las antaño contratadas plañideras, de cómo lloraban y manifestaban su dolor por la pérdida. Como suele ocurrir siempre hay alguno que es víctima del histerismo y empieza a hacer manifestaciones de querer **"rasgarse las vestiduras"** por la pérdida del ser querido. Aunque lleguen a rozar una representación teatral, dado el exagero tan extremo que hacen. Total, que una de las hijas de la finada, se emperró en que quería ver a la madre antes ser enterrada. Pues ésta estaba en un ataúd de zinc cerrado. Y empezó, ¡quiero verla! ¡quiero verla!… ¡quiero verla!… En una clara señal de querer llevarse un último recuerdo de ella, antes de partir para el último viaje. Ante la recurrente insistencia se acercó el encargado funerario y empezó a decirle a la familiar…Mire señora, yo le recomiendo que no abra el ataúd para verla. A lo cual la familiar empezó con más énfasis a exclamar... ¡quiero verla!... ¡quiero verla!... ¡quiero verla! Ante semejante situación éste se vio obligado a atender los requerimientos de ésta. Como en un acto de tentación morbosa se arremolinaron todos los allí presentes pegados al ataúd, como si se fuesen a merendar el cadáver. Acercándose para abrirlo, empezó a quitar los precintos que aislaban, ante la mirada atenta de los presentes y cuando de repente destapó la tapa de zinc del ataúd y en una reacción - acción - reacción, los familiares salieron despavoridos hacia todos los lados, huyendo de la monstruosidad del cadáver y del horrible hedor que desprendía, un olor nauseabundo inaguantable. Instintivamente al encargado funerario le salieron unas palabras... ¿No queríais verla? ¡Pues ahora joderos!, que yo os avisé. Con lo hinchada que estaba tenía un rostro deforme que ni se le veían de los ojos, presentando un aspecto de terror. O sea, que la que tanto insistía en que quería llevarse un último recuerdo de ella, vaya recuerdo se debió llevar.

Pero así son las cosas que pueden llegar a pasar en la casa mortuoria. Donde el histerismo hace de las suyas, rozando a veces, el más absoluto ridículo.

Lo que dará material para ser **"la comidilla"**, de la cual se burlarán muchos a carcajada limpia. Diciendo, hay que ver cómo se puso fulana o mengano, que perdió **"los estribos"**. Con ese comportamiento bochornoso.

Ya que hay gente a la cual se le escapa ese autocontrol de saber guardar las formas, dejando boquiabiertos a los demás, por llegar a realizar cosas que jamás se esperaban de su persona.

Pero de eso consta la vida, de "**sacarle punta**" a todo lo que sea menesteroso de ello. Y así tener tema del que hablar, que no haga tan aburrida la visita al Mortuorio.

En los últimos años, se ha puesto de moda, ya no celebrar el velatorio en casa, sino en la casa mortuoria. Al fin, no resulta agradable para muchos eso de, "**estarse merendando al muerto**" durante horas. Además de ser un negocio lucrativo para las funerarias, que cobran más por ese servicio que antes se prestaba en casa.

La tanatología

Es la disciplina que estudia, todo lo relacionado con la muerte en los seres humanos. Aplicando métodos científicos y forenses. Cuyo objetivo es arropar al enfermo terminal y sus familiares en todo lo referente a la medicina, psicología y la antropología física. Para ayudar a superar el dolor de la muerte y la desesperanza. Abordando los periodos de muerte. En el momento de la muerte no se produce un rompimiento inmediato, pasando por varias fases de la muerte. Como son la muerte inmediata, fase en la que se eliminan actividades biológicas en órganos y tejidos. Muerte absoluta es la fase en que la actividad de los órganos se elimina totalmente.

Tipos de muerte, por proceso de enfermedad terminal, donde el organismo va sufriendo daños lentamente hasta desembocar en la muerte. Muerte repentina, acaba la vida de manera inmediata. Muerte violenta, proceso en que el organismo sufre daños externos muy severos que acaban con la vida instantáneamente o lentamente, causada por accidentes, suicidas o homicidas.

Fases de duelo, 1º negación y aislamiento, uno se opone a la idea de que tiene una enfermedad mortal, 2º ira, donde se producen sentimientos de envidia, rabia, coraje y resentimiento debido a que se queja y le parece mal todo, con reacciones de arrepentimiento y lágrimas; 3º pacto o discusión, al no ser capaz de asumir la verdad, se siente molesto con todos, tratando de superar esa desagradable vivencia, pactando con los demás; 4º depresión, de tristeza profunda, de pérdida, enfrentando el dolor que consigo lleva; 5º aceptación, es la fase final, no se sentirá abatido ni enfadado por su destino, sintiéndose débil y cansado, aceptando su realidad.

Las exequias

Son todo el ritual del funeral, por el difunto, hasta que este recibe sepultura. Que lleva un orden que suele ser el Velatorio, Mortuorio, misa de funeral, traslado en el coche del **"último viaje"**, al cementerio o crematorio y finalmente sepultarlo o hacer entrega de sus cenizas a los familiares.

Pero tiene su parte curiosa este ritual, como es que acuda el viudo acompañado de la **"novia"**, para el entierro de su esposa, también es válido vice-versa. Asistir a la misa de exequias y que te encuentres que hay dos mujeres vestidas de negro llorando por el finado. O sea, están de luto, la esposa del finado y la **"querida"**.

La verdad es que son situaciones violentas para la familia, pero debido a los momentos difíciles que se están pasando, ésta guarda el tipo, controlándose para no estallar ante tamaña deshonra.

Porque se crea o no, es en los entierros donde afloran muchas veces los que están **"los que están en la recámara"**. Lo cual también es de agradecer, que el querido o la querida den la cara por el muerto. Demostrando su verdadero amor.

Y al final, en esos instantes, con tal de mantener la compostura, se evitan posibles escándalos que puedan empañar las exequias.

Que la viuda esté llorando y mirando de reojo **"a la rival"** como llora también, que por fin ha llegado a conocer. Esa zorra, que se acostaba con su marido, ultrajando su dignidad de mujer casada. Y que tenga que contenerse para no tirarse al cuello de ésta, ante lo que la viuda considera una desfachatez, que otra mujer esté llorando por su marido. Cuando **"la otra"** le estuvo gozando en vida.

Pero al fin, aunque sea por mantener las apariencias, tendrán que saber ser **"amigas"** en ese trance, ya que el que está a punto de ser enterrado, es el que les dio a ambas **"mucho amor y buenas alegrías"**. Eso sí, por separado, guardando siempre las formas, que el difunto era todo un caballero con ambas.

Al fin, él no tiene la culpa de haberse llegado a enamorar de dos mujeres a la vez. Era elegante y lo llevaba con total discreción, no faltándoles el respeto a los ojos de los demás, a ninguna de las dos. Las complacía a ambas, como un caballero, puesto que él les daba a cada una lo que necesitaban de él.

Era detallista con ambas, siempre atento a las fechas de sus cumpleaños, no haciendo discriminación alguna, para que una se sintiese **"la otra"**. Bastante esfuerzo ya tuvo que tener el difunto, para llevar con total discreción dicha dualidad, sin que nadie se enterase. Son situaciones que se dan y que no encuentras explicación, salvo que en vida el finado, les dijese a los amigos más íntimos… **"Yo las quiero a las dos".** A lo que algunos asentirían, ¿ **"acaso no dijo dios, amaros unos a los otros"**? Por lo tanto, no se puede oprimir tan bella manifestación, por los estúpidos celos. Ni tampoco ser egoístas por no querer compartir.

Por eso, ellas sabedoras de ello, en gratitud no les importa tener que **"compartirlo"** unos momentos en las exequias, si al fin lo estuvieron compartiendo en vida. De forma inconsciente o consciente, vete tú a saber. Si al fin, ya lo dice el refrán, **"un matrimonio sin cuernos es como un jardín sin flores"**. Y los refranes sabios son.

No hay que mostrarse egoístas, al revés deben mostrarse tolerantes, que, al fin, solo se muere una vez.

El último viaje

Resulta curiosa, la suntuosidad que reúnen algunos de los preparativos, sorprendiendo que haya ataúdes acolchados, para que vaya confortable el cadáver, con música, probablemente para que se le haga más ameno el tránsito al inframundo, donde **"Caronte le cruzará por el río Estigia, donde Cancerbero le estará esperando en la otra orilla".** Probablemente porque hasta después de muerto, hay que hacer alarde de clases hasta en la pompa fúnebre. Según los posibles del difunto así será. Para restregarle al vulgo, **"quien es el fallecido",** no vayan a creer que es un cualquiera. Increíble es que, son los vivos, los que recurren a esas ridiculeces, como si no asumiesen que el muerto no se va a enterar del tacto ni de la sonoridad o quizá sí. A saber, lo que pasa por la mente del que contrata con esas condiciones.

Cuando te desplazas por los caminos de los cementerios, puedes observar las sepulturas con sus cruces, estatuas y fotos que recuerdan al finado, como última voluntad de sus seres queridos. En las zonas más antiguas, compruebas por el estado ruinoso de las mismas, que se han quedado huérfanas y se han borrado de la memoria de muchos descendientes los allí sepultados, no saben ya ni donde están las sepulturas de sus ascendientes o simplemente pasan. El paso del tiempo, les ha dejado olvidados y pasan a ser anónimos. Hasta que llega el día que, en los cementerios municipales, al no hacerse la renovación del alquiler de las mismas, bien por desidia de los familiares o por razones económicas, éstos proceden a la exhumación de los cuerpos, siendo incinerados y depositadas sus cenizas en la fosa común, al no haber sido reclamados. Cuántas personas habrán pasado por ellas, expresando su dolor, su angustia, sus recuerdos. Y no será raro que te encuentres algún ramillete reciente encima de las sepulturas derruidas. Como una manifestación, de que alguien, aunque no haya coincidido en el tiempo vivo del fallecido, siente un apego familiar, al que se siente unido. También podemos observar, que a veces, vemos alguna persona, que está junto a una sepultura, como **"hablando"** con el que allí yace. Sintiendo la necesidad de meditar y consultar con **"él"**. En una clara demostración de la fuerza que aún perdura a pesar de no encontrarse ya entre los vivos aquél. Pero se necesita aún del apoyo moral del ausente, con el que en vida se compartieron tantas cosas. Parecerá extraño dirán, ¿cómo se pone a hablar con el muerto? Algo que solo lo entiende el que lo hace. Según la persona, como se comportó en vida, quedará reflejado hasta después de muerto en su sepultura. Con esa impronta del que quiere dejar bien presente, **"que sigue ahí"**. Por eso podrás comprobar como en algunas sepulturas hay epitafios, para que cuando los mundanos pasen por ella, se puedan hacer una idea de cómo fue en vida el finado. No estarán exentos aquellos que quieren seguir haciendo ostentación de lo que fueron en vida, poniendo lo de Ilmo. Don Notario, Militar, Médico, Abogado, Ingeniero, etc. En la lápida, para que quede constancia que a pesar de muertos no se pierda en el olvido lo que fueron en vida, haciendo una diferenciación clasista del resto de los mortales que les rodean. Lo cual demuestra lo apegados que estaban a la vida terrenal. No faltarán tampoco los humildes, que en su elegancia no harán ostentación alguna de lo vano, ya que la muerte a todos nos iguala. Ni aquellos que se llevarán su sentido del humor hasta: **"Cuerpo y figura hasta la sepultura"**. También nos encontraremos con aquellos que, haciendo gala de su discreción en vida, solo figurará su nombre y fechas de nacimiento y deceso.

La catalepsia

En tiempos pasados e inclusive en algunos países se han producido casos de enterramientos de personas, que mostraban una muerte aparente, cuando en realidad estaban vivas. Es el síntoma conocido como la **"catalepsia".** Dicha patología se produce por trastornos mentales, del sistema nervioso e inclusive epilepsia. Antiguamente se dieron muchos casos de personas que habían sido enterradas, estando en realidad vivas, ya que ésta puede durar desde horas hasta días. Al ser enterradas las personas sufrían la agonía de despertar dentro del ataúd y morir sofocado por la falta de oxígeno, al estar tres metros bajo tierra. Ha habido varios casos constatados de personas que fueron enterradas en vida, por padecer catalepsia, aunque la mayoría son casos que transcurrieron en el siglo XIX, como el caso de la adolescente de 17 años, que 10 años después de

 enterrada, al abrirse su tumba, se comprobó que tenía la mitad de su cuerpo fura del ataúd; el caso del sacristán que oyó los gritos de un hombre que habían enterrado y al acudir para auxiliarlo pero cuando llegaron ya era demasiado tarde el hombre había intentado agujerear el ataúd falleciendo por asfixia; el caso de una señora inglesa que después de enterrada empezó a gritar acudiendo a auxiliarla, pero ya era demasiado tarde ya que los testigos pudieron comprobar el último suspiro de la señora, que en su afán por salir del ataúd se había desgarrado el rostro muriendo desangrada; la mujer que volvió de África afectada por paludismo, declarando el médico su muerte, una enfermera le dijo a la familia que había observado que la mujer presentaba calor y se estremecían los músculos del abdomen, el padre organizó la exhumación del cadáver, quedando aterrorizados que el bebe que tenía la gestante había nacido en el ataúd y había muerto asfixiado junto a su madre; etc. Hoy en día donde los adelantos médicos, permiten confirmar la muerte, ya no pasa lo que, en tiempos pasados, ya que hoy a través de un encefalograma o electrocardiograma, ésta se confirma. En Centroamérica, un joven fue enterrado en un pueblo en un nicho, durante la noche el vigilante del cementerio, empezó a oír gritos y en lugar de acudir al nicho de donde provenían éstos, no, salió despavorido asustado del cementerio. Comprobándose al día siguiente al abrir el nicho, que efectivamente el joven había sido enterrado vivo y que tenía su cuerpo todo revuelto dentro del ataúd en su lucha por intentar salir, muriendo por asfixia. En el año 2009 en Túnez, una mujer fue declarada muerta por el médico del hospital donde había ingresado en coma una mujer, salvándose de morir después de enterrada,, gracias a los burros mascota que empezaron a dar patadas y meter el hocico oliendo la tierra, una amiga de la fallecida notó algo raro y se fue ahuyentar a los animales, pero se sorprendió al oír los gritos bajo tierra, alertando a los familiares que llamaron a los sepultureros para desenterrar a la mujer, que sobrevivió después de pasar más de dos horas de agonía dentro del ataúd.

La observación

Resulta muy curioso, como en ese gran dormitorio, compruebas las distintas manifestaciones que han querido dejar los parientes del ausente en su sepultura. Al deambular entre ellas, puedes observar fotos que reflejan momentos de felicidad que hubo, como queriendo perpetuar con la imagen el recuerdo del mismo. Alguna foto de angelical rostro, de una mujer que fue de singular belleza. Que seguro que, en su tiempo, atrajo a más de algún galán sin duda. Cuantos habrán suspirado por sus amores, por atraer su atención, con esa mirada de magnetismo que tiene. La de corazones que habrá roto y hecho languidecer en la esperanza. A saber, por cuanto sufrimiento pasó el ausente antes de llegar a su fin. Lo que te hace quedar pensativo y preguntarte, ¿cómo sería la vida de esa persona?, ¿en qué trabajaba?, ¿cuáles serían sus deseos e inquietudes?, etc. Al fin la sensación que tienes es que, aunque estás rodeado de muertos, es como si te estuviesen observando en esa visita que haces. Hay fotos de auténtica delicadeza y ternura, en que el dolor de los padres del niño fallecido, que lo han querido perpetuar en esa foto de otrora, te conmueve. Dejas volar la imaginación mientras las contemplas, que fueron distintos tiempos y épocas en que vivieron, donde te asaltan un montón de preguntas. ¿Cómo era la vida entonces?, ¿Tenían las mismas carencias que hoy? Algunas te miran fijamente a pesar del paso del tiempo, habiendo contemplado, hambrunas, epidemias, golpes de estado, guerras, etc. A saber, cuántas personas habrán desfilado por delante de ellas, en el transcurso del tiempo. Ves manifestaciones escultóricas, que son como si hubiesen tratado por todas las formas, de agarrar al ausente a la vida. Donde a través de la escultura compruebas que ha quedado reflejado, el dolor, el cariño, la ternura, el amor, etc. Lo que te hace imaginar en una retrospectiva, cómo fue la vida del que allí yace. Otras sin embargo apenas las ves, ya que el paso del tiempo ha hecho mella en ellas y tienes que esforzarte para poder recrear su rostro. Seguro que a más de uno le habrá pasado por su mente, que le hubiera gustado, poder hablarle y preguntarle.

El arte por doquier que te encuentras en los cementerios, es muy digno de admiración, con esas figuras que solo expresan delicadeza. Siendo una pena que algunas hayan sido víctimas de los vándalos, que no respetan ni a los muertos, habiendo sido decapitadas o amputadas en alguna de sus extremidades, perforados los ojos, pintarrajeadas, etc. Pero qué se le va a hacer, así es la barbarie humana. Donde quizá hasta el odio, maldad o envidia se expresa, a través de esas manifestaciones. La sed de venganza del ser humano no tiene límites. Y también no podemos olvidarnos de las flores y plantas, que tratan de embellecer y atenuar a la vez el ambiente. Su belleza de naturaleza recuerda a la vida en contraposición a la muerte. Resulta muy curioso el gran apego que tienen los gitanos, por los suyos. Donde veas una sepultura con una torre o saturada de flores, no dudes que será de ellos. En el día de todos los santos, llega a ser impresionante, la cantidad de miembros de esa etnia que rodean la sepultura. Síntoma evidente que para ellos el ausente **"sigue vivo"**. Pero, sin embargo, impresionan esas esculturas en que ves la manifestación del amor hasta en la muerte, donde los amantes entrelazados tratan de dejar patente, que ni eso será capaz de separarles. Son el romanticismo más puro plasmado, que te hace evocar que, aunque haya llegado el fin de la vida, el recuerdo siempre estará ahí y ni el paso del tiempo lo borrará y todo aquél que pasé verá la evocación del amor hasta el fin.

Los epitafios

Es la parte que no podía faltar, ya que reflejan que hasta en la muerte, se puede dejar reflejado el sentido de lo macabro, burlón, protesta y hasta humorístico del difunto o allegados. Unas veces por deseo expreso del finado en vida y otras veces a la discreción de los parientes que le conocieron. Dejan su impronta de cómo fue cada cual, en vida, de forma que te haces una idea de si fue una persona de buen humor, una persona muy religiosa, una persona engreída, una persona gris, una persona humilde, etc. También todo hay que decirlo, que algunos son como una forma de venganza. Los más numerosos suelen ser los referentes a las suegras, deudores, envidiosos, etc. Como diciendo aun después de muerto, mi epitafio será tu recuerdo de mí en vida, para cuando pasen los interesados o los despistados por el lugar. Algunos quieren hasta llevar su sarcasmo hasta la tumba, sobre todo los que dejaron deudas. Dan su toque de humor, para que no parezca todo tan lúgubre. Al fin la muerte es algo inexorable que a todos nos llegará, aunque sea un poco más pronto o un poco más tarde. Y aunque todos decimos, sé lo que es, no es verdad, supone lo que es, que es distinto. Ya que si no estás muerto es imposible y aun así tampoco que lo sepas. Los hay con toque humorístico, macabro, sarcástico, despechado, burlón, tristeza: etc. Todos tratan de dejar reflejado para la posteridad, como fue en vida el finado. Al fin, una vez que ya no haces parte de los vivos, lo único que resta es el recuerdo, que puedan tener de ti. Y los que, en vida quisieron perpetuarlo, lo hicieron a través de sus epitafios

Luciano aquí te
espero, tu esposa

R.I.P.

Acreedores venid que
aquí os pago

DEP

Por fin

R.I.P

Aquí descansa mi santa
esposa, señor recíbela
con la misma alegría
que yo te la mando

DEP

"Que conste que yo no
quería"

R.I.P.

"Por fin ya no te
tienes que levantar"
R.I.P.

Marianita que pronto empezaste a darnos disgustos. R.I.P.

Murió por la gracia de Dios y ayudado por un mal cirujano

DEP

Recuerdo de todos tus hijos, menos de Esther que no dio nada

R.I.P.

Voló justo a la corta edad de 3 añitos, a la vera de Dios descansa la niña Pilar

Menos flores y traedme birra cabrones

R.I.P.

Aquí yace Juan, que con una cerilla quiso ver, si gas había y había

Aquí yace mi esposa

fría como siempre.

DEP

Luisa Bernal
30-XI-1928
Recuerdo de tus
padres que no te
olvidan. Que tu
esposo te olvidó al
mes de
fallecida

Un amigo y yo
apostamos quien
aguantaba más
debajo del agua, gané

yo.

A mi querida suegra,
tanta paz encuentres
como paz me dejas

R.I.P.

Cuerpo y
figura hasta la
sepultura

Aquí se acaba la
riqueza, el orgullo y
la vanidad

DEP

El acondicionamiento

El ser humano, la inmensa mayoría suele ser previsor y con las cosas de la muerte también, por eso existe la costumbre de además de pagar **"lo de los muertos"**, se preocupe en vida de visitar varias veces donde será su morada de la vida eterna. Para asegurarse de que todo esté en orden para cuando se produzca su deceso. Ya que, seguro que, en alguna familia, el que no fue previsor, habrá sido motivo de recuerdo y no precisamente para bien, de haberse encontrado la familia con la sorpresa de tener que hacerse cargo de correr con los gastos del sepelio. Una cosa que hay gente que no entiende es, que existan personas que se preocupan en vida, porque todas las cosas estén bien arregladas. Como enterarse de los trámites, ya que más de uno se ha encontrado con la sorpresa que al ir a enterrar a algún ser querido, se encuentra que hay impedimentos administrativos que lo impiden. Pues las leyes cambiantes, nos obligan a estar siempre actualizados en dichos trámites. Gente que va a visitar su **"futura morada"**, encargándose del adecentamiento de ésta, hacer medidas, etc. Pues ya se ha dado el caso curioso, de que un hombre de grandes dimensiones, que en vida se había estado preocupando porque todo estuviese en orden, cuando él viniese a fallecer, el día que le fueron a enterrar, se encontraron los enterradores con la sorpresa de que no entraba el ataúd de lo grande que era, en relación con la sepultura. Ya ves a los enterradores con maza en mano, diciendo **"Hostias"**, mira que vino veces el dichoso hombre, para interesarse de todo lo relativo a su sepultura y fue a olvidarse de esto, tratando de romper para agrandar un poco y poder meter por fin el dichoso ataúd. Otra cosa curiosa que pasa es con los panteones, donde hasta en eso hay peleas entre los familiares, por establecer el orden jerárquico de ocupación de los nichos. Parece ser que, a los familiares directos del finado, le preocupa que esté muy abajo o muy arriba. Será por aquello que lo quieren con mucha luz y soleado. Además, de parecer que, si te quedas más abajo de los demás, incurres en tener menos hidalguía. Otra cosa curiosa que pasa es, que se ha dado la paradoja, de que, en un entierro, aparecen los de la funeraria con un ataúd con un crucifijo, cuando el fallecido era más ateo que nadie. En algunos casos tratan de subsanarlo extrayendo dicho crucifijo como se puede, en otros simplemente le entierran con el ataúd con crucifijo, **"total no se va a quejar"**. O en casos en que el fallecido un republicano fetén, le cubren el ataúd con la enseña monárquica. También se da el caso del **"rojo más rojo"** no puede ser, está recibiendo las pertinentes oraciones del cura, delante de los presentes, con un cruce de miradas entre éstos, como diciendo, lo que hay que ver. Estos son algunos de los gajes del oficio que suelen pasar. También pasan casos simpáticos, como que se le pinche la rueda al coche **"del último viaje"** y los presentes en el cementerio se pongan nerviosos con la demora. Y salgan exclamaciones del tipo. ¿Tenía que pincharse justamente hoy? Ahí ves a los de la funeraria levantando el coche con el gato, escorándose el ataúd, que parece que tiene prisa por salir, mientras cambian la rueda. Todo hay que decirlo, mucha de la gente que acude a los entierros, no es porque lo sientan por el finado, la mayoría acude por no quedar mal delante de familiares y conocidos y lo que está deseando es, que eso acabe cuanto antes, para irse a sus quehaceres. O sea, van por las "apariencias" en una palabra. Resultaría curioso, si pudiésemos leer el pensamiento de los presentes, porque es obvio que los habrá de toda índole. Los que estarán pensando … **"ya era hora cabrón"** otros dirán…**"pobrecito ya está con dios"**, vamos que en los entierros nadie va al infierno.

Unos, aunque disimulan muy bien se estarán regocijando mientras otros están llorando.

El Amigo de lo Ajeno

Cuando uno discurre por un cementerio, podrá comprobar que hay muchas sepulturas, "decapitadas en sus adornos", letras, macetas, y demás elementos que faltan. Lo primero que nos pasará por la cabeza es, claro debido al paso del tiempo; pero la realidad es muy otra. El ser humano como especie depredadora más grande que hay en el planeta, hace negocio con todo, como no podría ser menos hasta con lo que adorna donde descansan los muertos. La falta de cruces, letras, macetas y demás adornos o hasta el propio cadáver, en la inmensa mayoría de los casos es, porque han sido víctimas de la expoliación de los amigos de lo ajeno. Que han encontrado una manera fácil de hacer negocio vendiendo lo substraído a otros que lo encargan. Así no será extraño que determinados adornos de una sepultura acaben siendo vistos instalados en otra. En los tiempos actuales, donde el respeto por los fallecidos se ha perdido completamente, los amigos de lo ajeno campan a sus anchas, ante la falta de medios para vigilar los cementerios. Aunque a veces haya habido enfrentamientos entre los empleados y los amigos de lo ajeno, ya que estos últimos a veces lo realizan descaradamente delante de los primeros. Pero les da igual, ellos van a lo suyo, sin respetar ni cuestiones morales, éticas o de ley, lo suyo es el negocio ilegal.

Total, mucha culpa de que pase esto es, la sociedad actual, que cada vez se va deshumanizando más, sin respeto alguno por los valores morales. Antes existía un respeto y hasta una veneración por los muertos, como señal de respeto hacia ellos, pero hoy no. Las particularidades de nuestra sociedad se van diluyendo en un mundo cada vez más globalizado. Para que andarse con esas tonterías de respetar a los muertos ni ocho cuartos, el negocio es lo que prima y ya está. Por eso esas **"sanguijuelas"**, van a lo suyo y que nada se les interponga.

Desfilando entre los innominados

La historia allí está presente, los cementerios son un compendio de la historia del país. Donde figuras de toda índole yacen allí. Políticos, figuras de la realeza, grandes personalidades, toreros, personajes de la farándula, asesinos famosos, etc. Sus sepulturas por lo general sobresalen sobre las demás, como haciendo ostentación hasta después de muertos, de lo que fueron en vida, para que quede bien presente su figura entre la plebe. Pero la inmensa mayoría son esos anónimos que muchos de ellos ya ni se sabe quiénes fueron, puesto que el estado ruinoso de sus sepulturas ha borrado cualquier vestigio de identificación. En algunas el estado de abandono es tal, que están rotas y se puede observar el interior de éstas, donde aún se ven restos óseos. Seguro que muchos mientras caminan entre las calles de la ciudad de los muertos, se fijarán en determinada sepultura, por algo que habrá llamado poderosamente su atención. Bien por una imagen, una foto, un adorno o un epitafio. Preguntándose quién fue, de dónde era, que función tuvo en vida, etc. Un montón de dudas, que sin duda nos gustaría saciar, pero que infelizmente eso es casi tarea imposible. Lo cierto es que nunca nos dejará de sorprender algo. Aunque si eres un buen observador, por los nombres y epitafios, podrás sacar información, que te pueda llevar a tratar de averiguar quién fue tal personaje. Las personas aficionadas a hacer su árbol genealógico, pueden llegar a sacar mucha información a partir de los datos de una sepultura. A través de los registros de cementerio, civiles, eclesiásticos, militares, de funcionarios, hemerotecas, etc. También si haces un somero estudio de las sepulturas familiares, podrás comprobar como las rencillas se han llevado hasta la tumba. Al comprobar que tal o cual, no se han enterrado con quien debían por enemistad entre ellos por motivos de distinta índole. En las sepulturas antiguas podrás también comprobar, como de los familiares que les correspondía estar enterrados en una tumba por orden cronológico de fallecimiento, no lo están. Estando uno de los que debía figurar allí enterrado en otra, por el simple hecho que como las sepulturas de suelo normalmente eran de 4 cuerpos, al ya haber 3 enterrados, el último hueco se reservaba para para el cónyuge aún vivo. No fuesen a haber habladurías, de que se habían enterrado los esposos separados, porque no se llevaban bien. O sea, lo de siempre, vivir pendientes de las apariencias hasta en la sepultura. Algunas hasta resultan simpáticas, las de tipo Sr. Excmo. Notario, abogado y juez de primera promoción. Jajajajaja que importará todo eso una vez que ya no eres más que un muerto. Pero a las familias les gusta siempre presumir de los prohombres de la misma hasta en la tumba. La verdad es que hasta resulta ridículo y más de un muerto, si pudiese, se levantaría del bochorno de toda esa parafernalia, reprochando a los suyos. **Manifestaciones**

Según la zona que sea existen distintas manifestaciones hacia los muertos. En Galicia, una de las zonas de las más vinculadas al inframundo, por herencia ancestral, resultan curiosas algunas de esas manifestaciones. Aunque se ha ido perdiendo con el paso del tiempo, existían las **"plañideras"**, Mujeres contratadas para llorar en los velatorios. Dándose el caso de causar extrañeza entre algunos de los familiares de la difunta. ¿Quién es ésta? Ya que no les sonaba de nada, esas lloronas a sueldo. En un pueblo llamado Santa Marta de Ribarteme en Pontevedra, que tiene una curiosa costumbre, en que los devotos que en su día hicieron una promesa a la virgen en plegaria por algún familiar o uno mismo, si se cumple su petición, hacen a modo de penitencia en el día señalado, lo de salir a hombros de los familiares metidos en un ataúd. Sin tapa claro está. Otro pueblo curioso es, San Andrés de Teixido en Coruña donde hay un dicho que dice: **"Aquí va de muerto, el que no fue de vivo"**.

En los tiempos actuales, se ha perdido mucho eso de la comitiva que acompañaba a pie al coche **"del último viaje"**, hasta el cementerio. La gente hace el recorrido en coche, estacionando a cierta distancia, para hacer los últimos metros a pie. Pero recuerdo una vez, en que observé el altercado que se montó entre un familiar del finado con el cura. Ya que embravecido el familiar empezó a gritos a reprochar al cura, de que ni siquiera esos últimos metros los hiciera a pie como los demás. Obligando al cura a descender del coche por el bochorno que estaba pasando. Hay situaciones en que los funerarios, ante el ambiente de crispación que se produce en algunos entierros, por la disconformidad por los servicios prestados que fueron en su día contratados…Tienen salidas del tipo: **"el nicho tiene unas vistas magnificas"** o **"la tumba tiene una situación inmejorable"**, a modo de consolar a los familiares que están pasando el aprieto. Como si fuesen manifestaciones sarcásticas hacia ellos, aunque lo único que se busca es que finalice el trámite sin más incidentes.

Recuerdos

Al caminar con la complicidad del silencio, con el viento azotando el rostro, en una tarde grisácea, te entra como un escalofrío al desfilar entre las sepulturas de los ausentes. Que, aunque ya no están entre nosotros, todos tienen algo en común, que es el recuerdo que pervive entre los familiares receptivos de ellos. Que son los que los mantienen **"vivos"** mientras el recuerdo perdure. En esa secuencia sin fin, de generación tras generación. Cuántos habrán estado delante de la misma sepultura, honrando a los que les antecedieron. Y pensarán en esos momentos, como haciendo una retrospectiva de su vida, de los momentos que compartieron en los buenos y malos momentos. La hojarasca se levanta como un torbellino a tu alrededor, como si fuese una máquina que te llevará al pasado. Cosa muy anhelada por muchos, la posibilidad de viajar en el tiempo y poder sentarse a

charlar con los ausentes, preguntarles por las dudas irresolutas que quedaron con su muerte. En la atmósfera se nota esa carga inexplicable de los que ya no están entre los vivos. Pero que dejan una sensación latente de que sigue presente su energía entre nosotros. Muchas personas famosas han sido idealizadas en su post mortem y reciben visitas todos los años en distintos cementerios del mundo, cuando se celebra el aniversario de su muerte. Rodolfo Valentino, es un ejemplo, de hombre admirado que ha recibido todos los años la visita de la **"Dama de Negro"**desde 1921 hasta 1977, una mujer enlutada de la cabeza a los pies, que todos los años depositaba un ramo de rosas rojas en su sepultura, con motivo de su aniversario de fallecimiento.

Los Córvidos

El gran negocio de los **"los muertos"**, como buen animal depredador, al hombre no se le escapa nada, que pueda ser objeto de negocio. Y por supuesto, que los muertos lo son, mueven una gran cantidad de dinero, aunque en los últimos tiempos haya decrecido, pero aún es un negocio lucrativo. De ahí que los agentes funerarios, merodeen por todos los lugares donde se puedan producir decesos. Como **"oliendo la muerte"** en hospitales, residencias de ancianos, mortuorios, morgues, etc. Igual que los cuervos, cuando merodean por una presa, a la cual poder dar cuenta de ella. Tratando de sobornar en la medida de lo posible, a todos esos intermediarios entre la vida y la muerte. Sobornándolos, para lograr que el gasto que vaya a producir el muerto, repercuta en su bolsillo. Donde consumidos por el dolor, los familiares del fallecido, no están en sus mejores momentos, para dilucidar si está siendo o no, excesivo el dispendio asignado para el entierro. Tratando de engordar todo lo posible la factura. De forma que se recicla todo, hasta a los **"los muertos"**. Tal llega ser la lucha por el pastel, que esos intermediarios, han llegado en algunos casos hasta a las manos con la competencia. Al fin la competencia es mucha y la demanda ha descendido, a raíz de ponerse de moda las incineraciones, con lo cual la gente se lo piensa mucho, a la hora de enterrar al muerto. Diciendo, ¿para qué voy a comprar un ataúd caro, si total lo van a quemar? ¿Para qué voy a alquilar un nicho, con el gasto que conlleva, si puedo tener la urna del ser querido en casa? La costumbre de las esquelas, prácticamente han desaparecido de los periódicos, así como las misas de séptimo día, cabo de año, aniversario de la muerte del finado, etc. La imaginería también ha sufrido su merma, ya que la perdida de fe, la crisis ha hecho que, todos esos adornos inherentes a los cementerios casi han desaparecido. Haciendo que lo práctico y la sobriedad se impongan. Antes, como se vivía mucho más de las apariencias que ahora, se buscaba mantener la sepultura impoluta. No fuesen los familiares, al pasar por delante de ésta, decir, que guarros son. Lo que conllevaba un gasto para su mantenimiento, ahora no, ya puede caérsele la mierda a churretones, que les da igual. Total, con darle una pasadita en la víspera de difuntos vale y aun así solo algunos. Porque antes, ese día era de obligado cumplimiento, mientras que ahora, van el primer año del fallecido y si te he visto no me acuerdo. Dándose el caso, que algunos cuando llega ese día, ni saben bien **"dónde está"** el muerto.

Día de Todos los Santos y Difuntos

Antiguamente, eran días de los más importantes festivos del año. El día 1 de Noviembre, se celebra el día de Todos los Santos, fiesta solemne en que las animas, una vez superado el purgatorio, pasan a gozar de la vida eterna ante la presencia de dios. El día 2 del mismo mes, es el día de Difuntos, donde se ora por aquellos que ya no están entre los vivos, pero aún se están purificando en el purgatorio, con la firme convicción de que han pasado a mejor vida los difuntos. Es una visita de obligado cumplimiento en las familias, de **"visitar al muerto"**. Empero, la perdida de creencias por muchos, ha ido devaluándola mucho. Eso sí, la **"las flores de los muertos"**, no pueden faltar. Teniendo algunos, el sentido práctico de adornar la sepultura con las **"las flores del olvido"**, las de plástico. Condicionada la grandiosidad de éstas, al poder adquisitivo de la familia del muerto. Salvo algunas minorías étnicas, como los gitanos, que ponen auténticas torres de coronas de flores en las sepulturas de sus allegados. Cosa fácil por eso de divisar, donde hay una sepultura de esa minoría. Algunos suelen acudir los días antes del día de difuntos, para evitar las aglomeraciones, otros, sin embargo, los más ortodoxos, van el día que toca.

En esos días los cementerios parecen bulliciosos de vida, que contradicción, ¿verdad? Cuando es el lugar de descanso de los muertos. Allí, aunque parezca mentira, ese día sirve como de reunión familiar, ya que muchos familiares se encuentran con ocasión del día, después de mucho tiempo sin saber unos de los otros. Provocando ese choque que un lugar que generalmente está casi desierto, haya tal gentío con la ocasión. Donde la tumba hace de enlace, para que charlen los que hacía mucho, no se veían. Es un ritual que se hace más por costumbre que por trasfondo religioso. Por ser el día que toca. Ya que somos un animal gregario de costumbres. Esa reunión ocasional, sirve

"para cortarse el traje",poniéndose al día en los cotilleos familiares.

Donde no desaprovecha por despellejar a todo ser viviente.

Pero hoy, sin embargo, se ha perdido ese sentido espiritual de ese día, ahora se ha puesto de moda **"Halloween"**, una fiesta pagana de origen celta, que nosotros hemos importado de los **"yankees"**. En que lo único que se hace es divertirse sin más, imitando lo que hacen los demás, copiando lo que ves, como animal de costumbres que somos. Sin tener nada que ver con los muertos, salvo disfrazarse. Hay un postre específico para esos días 1 y 2 de Noviembre, que son los

"huesitos de santo". Dulce elaborado con mazapán, pasta de almendra, rellena con dulce de yema. Que se confecciona con forma de tibia.

Vagando entre los muertos

Me adentro más y más en el cementerio, y un frio gélido acaricia mi rostro. Empiezo a deambular entre las tumbas, procurando encontrar el porqué de cada una. Buscando encontrar la de familiares y conocidos. Se despierta una gran curiosidad en mí, por tratar de averiguar qué fue del que allí yace. Porque todos esos **"muertos"**, fueron vivos en su tiempo. Cuando te encuentras con una figura histórica, te transportas al pasado, como tratando de querer revivir lo que el finado vivió. Eso es lo que tiene el cementerio, que nos hace iguales a todos. Ineludiblemente hay una carga que flota a tu alrededor, porque te sientes como si viajases en la máquina del tiempo. Las fotografías que te encuentras, algunas son de singular belleza, al tiempo que transmiten el estado de ánimo del que se encargó de darle sepultura al fallecido. En cada una que observas, te es fácil deducir de qué tiempo son, por la ropa la forma de vestir, los muebles que acompañan al finado; etc. Te encuentras fotos de niños, con esos ojos de inocencia asomándose; te encuentras apuestos artistas; hombres con mirada marcial, matrimonios con el traje del día de su boda; hasta una foto tomada al finado. Si nos pudiésemos abstraer, seguro algún mensaje sacaríamos de todas esas manifestaciones mortuorias. Ya que el ingenio se nos agudiza y llegamos hasta a leer el último mensaje que nos quiso dejar el finado. Es como si en las fotos, estuviesen **"vivos"** los muertos. Algunas leyendas se pueden apreciar medio borrosas por el paso del tiempo, que te dan pistas para averiguar quién fue el susodicho. Y cuando descubres que fue un importante personaje social, eso te lleva a la reflexión de que, aunque nos lleguen a parecer inmortales por su fama, te das cuenta que su fin ha sido el mismo que el más común de los mortales. Pero parece que hasta después de muertos, les acompaña el boato. Y se merecen seguir siendo aclamados. Como si su recuerdo tuviese que ser perpetuado, porque fueron famosos.

Siempre he sentido verdadera admiración, por aquellos que, de vivos, hacían planes para una vida longeva que parecían tener segura. Haciéndome muchas veces reflexionar, por qué yo no soy capaz de pensar con ese positivismo, de **"soñar con estanques de peces de colores"**. Tan seguros como les veía en sus afirmaciones, cuando decían…Porque yo cuando llegue a los 90 años…Porque yo que disfrutaré largos años de mi **plan de pensiones**…Porque yo que gozaré de todo lo que conseguí amasar en vida… Cuanta capacidad para ver la vida como un lugar chauvinista.. Sería verdaderamente envidiable, que solo se murieran los demás y que a ellos no les fuese a pasar eso, de que se les corriese la vida sin más. Por eso ahora cuando paso por delante de la lápida de Fulano, pienso para mis adentros, hala mira , **¿te acuerdas de todos los planes, proyectos e ideas que hacías?** No puede ser que el destino sea tan injusto, que tu hipoteca que fue el centro de tu vida, ahora le toque el escollo de acabar de pagarla a tus hijos, que las privaciones que pasaste en vida aguardando llegar a los 90 años y el dinero que conseguiste amasar en vida, se haya visto todo truncado a la edad de 49 años. Y que, si desde algún sitio puedes ver **"su obra"**, veas como el cabrón de tu yerno disfruta de
"tus dineros" pegándose la gran vidorra. Dirás tantos sacrificios y privaciones, para esto. Que desde allá donde estés, le estarás maldiciendo, llamándole   hijo puta. Al comprobar cómo se come buenas langostas, se bebe refrescante licores fríos y además le pone **cuernos"** a tu queridísima hijita, esa hija única que tuviste, para no gastar más, como buen tacaño. Y que iba a ser tu albacea que iba administrar tus bienes. Pero ya ves que cachonda es la vida, desde

donde estás, no le puedes echar el gancho y te corroes de rabia. Pero descansa en paz, que para eso presiden las letras RIP en tu sepultura. Ya no puedes vengarte, puesto que perteneces al mundo de los muertos. El destino te jugó una mala pasada y eso que tú, en tu seguridad creías tenerlo todo atado y bien atado.

Al menos nos consuela a los que no tuvimos esa capacidad y esa seguridad al pasar delante de tu sepultura que, **"del polvo fuiste hecho y en polvo te convertirás"**. Cuanta verdad, sí señor. Igual que los demás, aunque creías que tú ibas a ser diferente.

La verdad es, que, para los ateos, que no hay nada más, más allá de la muerte, no, pero para los creyentes, tiene que ser una putada, que desde algún sitio, puedan observar cómo se dilapida su obra. Que de ser cierta esa posibilidad, más de uno comprobará como eso que tantos sacrificios y privaciones le costó, ahora se despilfarra sin ton ni son, por un cabrón.

Quizá eso debería hacernos reflexionar, pero no, como animal de costumbres que somos, hacemos lo que hace el **"rebaño"**, esto es ir en fila como corderitos al **"matadero"**. Solamente le llega a algunos el estado de lucidez, cuando sienten el hálito de **"La Pelona"**, pero en la mayoría de las veces, ya es tarde para dar marcha atrás. Les traicionó su idea de eternidad que tan arraigada tenían. Una putada la verdad. Que desde el más allá, tenga la desgracia de contemplar como todo no ha valido más que, para que un golfo se recree en el sacrificio de toda una vida, gozando a espuertas. Como burlándose del finado.

La Santa Compaña

Es en la mitología sobre todo de Galicia y Asturias, una procesión de ánimas en pena que vagan por los caminos de las parroquias desde las 24 horas de la noche. Van vestidos con túnicas negras con un halo de luz a su alrededor. Encabezada por un vivo que porta un caldero de agua bendita, seguido por las ánimas con sus velas. Su aspecto es de excesiva delgadez y con una palidez extrema, el que porta la cruz delante de la Santa Compaña, vagará todas las noches como alma en pena, hasta que muera o algún incauto sea sorprendido, pasándole a éste la cruz. Caminan emitiendo rezos, canticos fúnebres y una campanilla. Según la creencia, la única forma de evitar la Sana Compaña es, hacer un circulo en la tierra y meterse dentro de él, llevar una cruz encima, acostarse boca abajo, rezar sin escuchar los canticos de la Santa Compaña; etc. Se dice que el desafortunado que se encuentra con ella, es su anuncio de su propia muerte. Esta costumbre está muy apegada a centro Europa y se cree que es de origen celta o germánico. Es la procesión de la muerte, que reclama el alma de alguien que morirá pronto.

Aun siendo una tradición que estaba muy extendida sobre todo por Galicia, debido a que su particular clima, excesivamente húmedo, lleno de nieblas, brumas, lluvias y abundante vegetación le hacían más propicio para su aparición por sus caminos. Casi siempre en los cruceros, encrucijada de caminos presididos por una cruz de piedra. Con antecedentes mezclados con creencias paganas celtas.

Infelizmente los adelantos como la luz eléctrica han hecho que muchas de esas apariciones, hayan disminuido considerablemente.

El conjuro de "A queimada"

Ritual de preparación para espantar los malos espíritus y brujas, cosa que está relacionada con la muerte. El conjuro se suele recitar, mientras se prepara una bebida llamada **"Queimada"**, cuyo origen es Galicia. Se suele realizar después de cenar en la oscuridad de la noche. Destacando su color azulado que desprende el flameado del aguardiente y azúcar. Aunque hoy en día que las leyendas han decaído mucho, se suele ensalzar el conjuro durante fiestas como un hermanamiento. Mientras sucede su preparación, se recita.

Aunque se dice que es de origen celta, no está muy claro eso, ya que, para destilar el aguardiente, es necesario un alambique, cosa que fue traída a la península por los árabes. De forma que más bien se debe tratar de antiguas tradiciones paganas celtas entremezcladas con otras árabes.

La receta básica de la **"Queimada"** consta de 1 litro de aguardiente, 1 limón y 150 gr. de azúcar. Dándole unas vueltas con el cucharón, coger el azúcar del fondo y escurrir el aguardiente y dejar que se queme con el fuego. El caramelo le da un color tostado. Se deja quemar según gustos, cuanta más arda, menos fuerte resulta. En algunas variantes, se le añaden trozos de fruta y granos de café.

Se suele emplear como recipiente un cuenco de barro grande o de hierro. Se tiene la creencia que aquellos que beben el brebaje quedan protegidos de todos los males.

El síndrome de la viuda

Es un factor constatado, que algunas mujeres, después de enviudar, les cuesta muchísimo desprenderse de la figura del **"el ausente"**. Por eso algunas, pasado un tiempo que suele variar, según cada cual considere prudencial, cuando creen tener superada la perdida, se abren a la vida y tratan de rehacer su vida sentimental. Empezando a conocer nuevos hombres para que, con alguno de ellos, llegue a cuajar una futura relación.

Al que le toque en suerte ser el elegido, tendrá que lidiar con **"el ausente"**, ya que cada vez que se tercie la charla con la viuda, ésta inconscientemente, lo traerá **"de cuerpo presente·** al marido. Tornándose algo violento para el aspirante, que a la mujer que estás tratando de cortejar, a cada rato asome **"el ausente"**, al escapársele sin darse cuenta a la viuda. Mi Manolo era un hombre fantástico, mi Manolo era un hombre primoroso, mi Manolo…

Pero está claro, que algunas no consiguen desprenderse de **"él"**, con lo cual el finado estará siempre a vueltas. Hasta que el aspirante se acaba hartando y pasa, de tener que estar luchando con la viuda que **"siegue casada con el muerto"**.

Porque reconozcamos, que te saque **"el muerto a paseo"**, hasta en la sopa, le quita a uno las ganas a uno, porque llegas a creerte que estás siendo un adultero que le estás poniendo **"los cuernos al ausente"**.

El ataúd

Aunque cada vez menos, debido a la costumbre que cada día se está extendiendo de incinerar, resulta curiosa la amplia variedad de modelos de ataúdes que hay. Los hay de madera, de hierro, de zinc; etc. Forrados, con almohada, con luz, con ventana, con música; etc. Todo pensado para el confort del muerto, no vaya a sentir la dureza del mismo, amenizando el viaje al más allá con música, con ventana para que no sienta claustrofobia, al sentirse encerrado. Aunque parezca increíble, hay gente previsora y hubo el caso de un hombre que me comentaba un encargado de pompas fúnebres, probó en vida varios tipos de ataúdes, para comprobar si se sentía cómodo con el acolchado y la anchura del mismo, si lo prefería con cristal o sin él, con música, con campanillas, si le gustaba más de madera, hierro o zinc. Metiéndose varias veces en los ataúdes, para comprobar si reunían los requisitos que él requería.

Los hay pintados en negro, blanco o marrón, barnizados en tonos claros u oscuros. Los hay de madera de conglomerado, pino, para los menos pudientes, de caoba y hasta de maderas nobles para los que cuentan con más emolumentos.

Los ataúdes para niños, generalmente son de madera lacados de blanco.

 Por su pureza representada con dicho color.

También los hay de auténtico lujo, con incrustaciones de diferentes tonos de maderas, crucifijos de diferentes metales, tiradores y diferentes ornamentaciones Oro, Plata o Bronce; etc.

Es un producto que, aunque sigue siendo demandado, su pompa en líneas generales ha bajado mucho, ya que el sentido práctico de las cosas se impone. Y total como muchos son incinerados, dirán sus deudos, total si se va a quemar es una pena derrochar dinero en algo opulento. Así son unos dinerillos que se ahorran y que vendrán muy bien para otros menesteres.

Así que, el que más está en uso en estos tiempos es el simple de madera de pino, con una mano de barniz. Económico, práctico y funcional para el corto trayecto desde la casa mortuoria hasta el horno crematorio.

Las esquelas

Hacen parte de la vida, aunque sea de los muertos. En la sociedad existe la costumbre de divulgar el fallecimiento de los allegados, pero era costumbre publicar esquelas en los periódicos, que varían según el estatus social y de los posibles. Estaba muy extendida, que las esquelas eran cosa de gente pudiente. Y de facto, solo solían ponerlas las figuras importantes de nuestra sociedad. Pero como es obvio, mucha gente ha buscado ir publicándolas, ya que se creen merecedoras de tal hidalguía. Para eso han medrado socialmente y que menos que ver su nombre en una esquela, para los más allegados. Ya que, aunque empezó quizá como un pavero, ha alcanzado cierta notoriedad. Y se puede permitir, ver el nombre de un finado de la familia, codeándose con la gente importante. Para no ser menos que la gente que aparentan ser.

Todo hay que decirlo que, aunque antes era normal ver dos o tres páginas enteras de esquelas en los periódicos, Ahora con suerte puedes ver dos o tres esquelas repartidas por todo el periódico.

Lo que ha supuesto una notable merma para la prensa escrita. Con el quebranto de algún que otro periódico. Pues antes era una buena fuente de ingresos para el sustento del mismo.

En algunas localidades tienen la costumbre, de poner las esquelas en las puertas de los negocios, para que así los vecinos del pueblo, no tengan excusa de no haber acudido. Ya que bien éstos o alguno que lo haya visto, le pondrá al corriente al convecino conocido. Enterándose todo el pueblo de lo referentes al finado.

Aunque parezca increíble, lo que ocupa el primer lugar entre los lectores de la prensa en interés está, leer las esquelas. Debe ser por saber si ha pasado a mejor vida **"algún grato vecino"**

También se ha perdido mucho el escucharse por la radio las necrológicas. Los tiempos cambian y las emisoras también, de modo que ya no debe tener tanto interés.

Recuerdo un programa que radiaba las necrológicas del día, en que familiares o allegados del finado, dedicaban una oración por su alma a través de las ondas.

Don Celedonio Borrego

Falleció en el día de ayer, habiendo recibido los santos sacramentos, a la edad de 94 años.

El acto civil de despedida se celebrará en la sala mortuoria **"La última vida";** en la calle de las ánimas, hoy a las 18:00 horas.

R.I.P.

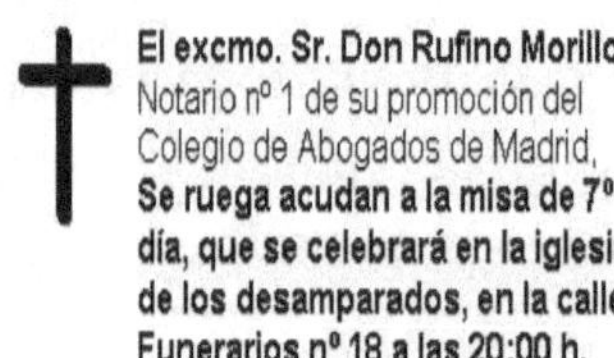
El excmo. Sr. Don Rufino Morillo

Notario nº 1 de su promoción del Colegio de Abogados de Madrid, **Se ruega acudan a la misa de 7º día, que se celebrará en la iglesia de los desamparados, en la calle Funerarios nº 18 a las 20:00 h.**

Fue noble en vida y ahora que está junto a Dios, descansa junto a él con la paz del que bien obró.

D.E.P.

Doña Ifrosinia Expósito Duro

Se celebrará en la Iglesia Sta. Ana, en el día de hoy a las 19:00 horas.

Rogamos una oración por su alma su esposo, hijos, nietos, bisnietos y demás familia. En su primer cabo de año. En contra de su voluntad se marchó de este mundo a los 99 años.

Dios nos espera, afortunados aquellos que ya están junto a él.

Viuda de Carrasco, doña Florinda

(Nos ha dejado huerfanos a la edad de 88 años, en el día de ayer)
Salida desde el Mortuorio Sto.Tomás, en la calle Pancracio nº 8, hoy a las 18:30 horas.

Sus hijos Primitivo, Sinforosa, Teobaldo, Cirila, Crescencia, Casimiro, Leoncia y demás familia ruegan una oración por su alma.

R.I.P.

El rabino Jacob Levi

Estarás en nuestro corazón siempre

fallleció a la edad de 73 años

Se celebrará el acto religioso en el cementerio judío, mañana día 26 a las 17:00 horas

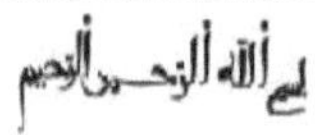

MOHAMED HAMED HOSSAIN

Su esposa Fátima, sus hijos Abderramán, Malika, Yusuf, Mohamed, Mustafá, Layla invitan el Lunes día 24 a las 13:30 horas al entierro en el cementerio de Ceuta.

Las coronas de flores

Si hay cosa que no puede faltar en el mundillo funerario son, precisamente las flores. Quizá porque con su color transmiten vida en contradicción con la muerte. Una forma de alegrar a la vista, un hecho tan luctuoso.

Algunas son enviadas por verdadero pésame ante el dolor de la perdida. Pero otras sin embargo no son más que para cubrir el mero trámite. Y en este último caso, cuando el finado ha sido alguien importante, a veces la multitud de coronas que se reciben es tal, que la sepultura desaparece engullida por estas. Las hay de todos los tamaños y precios, pero está claro que, según la pomposidad del funeral, así serán éstas.

Con sus bandas todas coloridas con emotivas frases en recuerdo del fallecido. Así al menos mitiga un poco el aspecto lúgubre que lleva todo entierro.

Lo curioso, son las manifestaciones que se escriben del tipo…"**Tu amantísima esposa**" (a lo mejor se ha quedado tan ancha con su muerte), **"No te olvidaremos jamás"** (quizá no veían la hora de librarse de él), **"Has sido mi único amor"**(cuando se ha sido a lo mejor adultero compulsivo), **"Tus amigos no te olvidan"** (el típico repugnante del trabajo), **"Jamás te olvidaré mi amor"** (al mes a lo mejor está con otro en la cama); etc.

Pero, en fin, así está montada oda esta parafernalia que tan bien

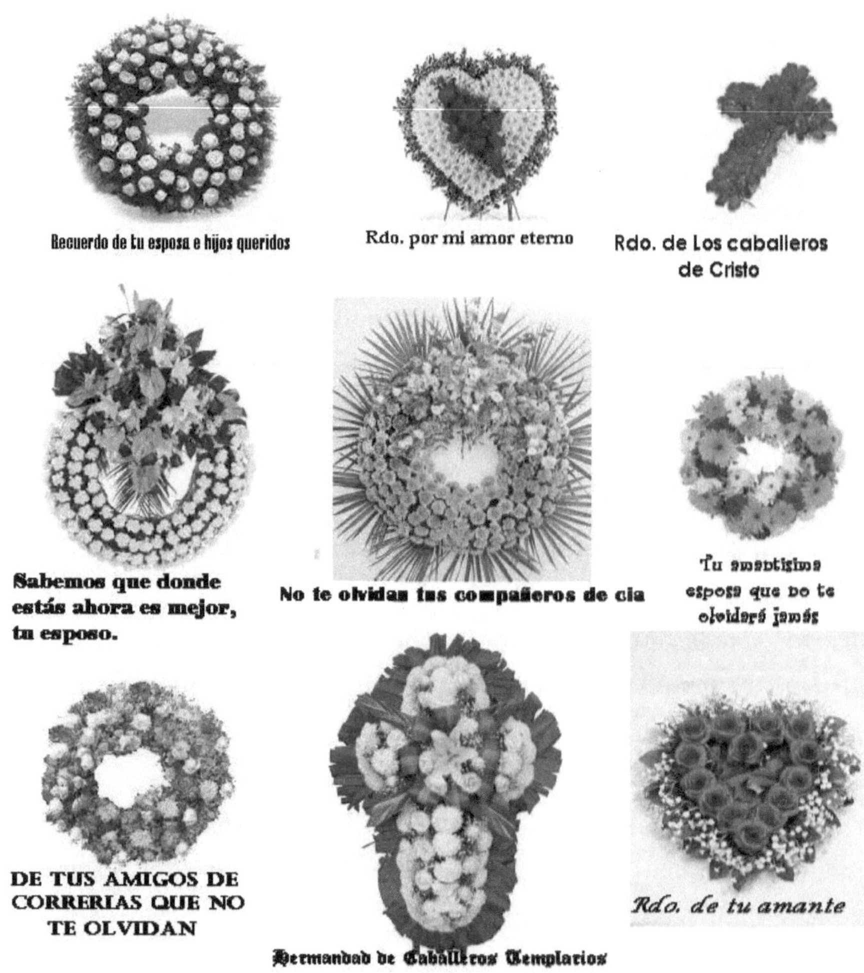

queda a los ojos de los demás, aunque en realidad lo que se pone, no

sea más que una pura hipocresía impuesta por el formulismo, parte
del teatrillo de la vida, total el caso es cumplir.

La morgue

Establecimiento destinado al depósito de cadáveres, pendientes de algún asunto judicial, autopsia o traslado al cementerio. Hoy en día, son refrigerados, con el fin de mantener por mucho más tiempo el cadáver, mientras se destina que hacer con éste.

Todo hay que decirlo que, para trabajar en la morgue, donde se suelen realizar las autopsias, hay que tener **"mucho estómago".** Ya que el hedor a cadáver es insoportable. Puaggg…empezar a abrir cuerpos, que han sido exhumados después de un mes, llenos de gusanos, pústulas y laceraciones, requiere una pasta especial, que no todo el mundo aguanta. Los forenses que realizan autopsias en la morgue, para poder soportar el hedor, llevan una buena crema vaporosa, para untarse el labio superior, para tratar de disimular un poco **"el olor a muerte".** Ya que es un olor característico, que inclusive después de haber finalizado tu trabajo y haberte aseado con suma pulcritud, la pestilencia cadavérica la llevas contigo a todos los lados. Por ese tufo a muerte que llevas impregnado en el olfato.

Resulta curioso que, en origen del francés, su significado fuera, **"el que mira solemnemente".** Lugar de las cárceles donde los presos nuevos eran llevados, para que los carceleros en un futuro los reconociesen.

Durante mucho tiempo los cuerpos reposaron en camillas, cubiertos por una sábana, a la espera de que se hiciese con ellos, lo que procediese. Pero claro los adelantos técnicos consiguieron que no fuera algo insoportable para el forense realizar dicha labor, ante el pestilente olor fétido de los cadáveres en descomposición. Porque **"el olor a muerte"** está ahí pero mucho más mitigado. En unas salas que antes estaban llenas de moscas y demás insectos. Lo que se logró con la refrigeración de los mismos.

Los forenses al estar ya acostumbrados al olor a muerte, no padecen tanto. Pero para los médicos novatos es un auténtico suplicio soportar semejante hedor.

Resulta curioso también, que cuando estudiantes de medicina acuden para hacer prácticas, al realizar descargas eléctricas a los cadáveres, estos se muevan como autómatas.

Pero es allí donde se desentrañan las causas del fallecimiento, cuando su causa se desconoce. Labor indispensable, para aclarar si la muerte ha sido por causas naturales o por un crimen inducido. Cosa que el ingenio humano trata de disimular muy bien, para obviar las consecuencias.

El crematorio

Horno destinado a la eliminación de cadáveres de una forma higiénica. Siendo éste reducido a cenizas al ser cremado. Su sentido práctico ha hecho que inclusive la iglesia lo recomiende como método de salubridad.

Es una práctica muy antigua, que algunas culturas llevan practicando desde hace miles de años. Se pueden alcanzar los 980º grados, incinerando completamente, la cámara donde es depositado el cadáver para su incineración se llama **"retorta"** hasta 200 kg de peso, si fuese de mayores dimensiones, se entierra el cuerpo.

Una vez incinerado, las cenizas son entregadas a los familiares, para que dispongan que hacer con ellas. Depositadas en una urna, que pueden ser depositadas en algunas parroquias en los cinerarios, o dispuestos para tal, en total anonimato, no pudiendo contener nada que lo identifique, salvo el certificado de su procedencia. Otros las arrojan al mar o lugar de voluntad del finado; otros se las llevan para enterrarlas en el jardín de casa; otros proceden a la fabricación de un diamante con las cenizas del difunto; etc.

También hay gente aprensiva, que les cuesta asumir el **"el final"** y por temor a que puedan despertar dentro de la sepultura, padecen de claustrofobia o le vayan a comer los gusanos, se decantan por este método, dejándoselo expresamente claro a sus familiares. No asumen que una vez muerto no te enteras de nada.

Tipos de sepultura

Las sepulturas pueden ser de lo más variadas. Desde la tradicional tumba de suelo, que pude ser desde uno hasta cuatro cuerpos, nichos de pared de un cuerpo, mausoleos de varios cuerpos, columbarios, urnas y fosas comunes.

Como los tiempos van cambiando las modas, antes lo suyo era tener una tumba de suelo, ya que se enterraban en ataúd. Pero aquellos que eran solteros o habían quedado viudos por su pareja estar en otra localidad se les enterraba en un nicho de pared. Aquellos que eran más adinerados, se construían un mausoleo, para que se viese su grandiosidad hasta después de muerto. A veces con la finalidad de aprovechar espacio, se retiraban los restos óseos de la sepultura, metiéndolos en un columbario. Y después están los ceniceros, que era donde se depositaban a aquellos que el tiempo solo dejó cenizas. En los últimos tiempos que se ha puesto de moda cremar y cada vez más, se depositan las cenizas del cremado en una urna, que se entrega a los familiares, para que estos dispongan según voluntad del finado o de los vivos que quedan a su cargo.

Aunque parezca que no, esta nueva modalidad, también está dando sus quebraderos de cabeza a algunas localidades. Ya que los sitios de referencia religiosa o cultural, son los elegidos por el finado, para que echen sus cenizas. Por ejemplo, en **"El Rocio"**, donde llegó a ser tal la cantidad de urnas esparcidas por el terreno, que el ayuntamiento se vio obligado a poner personal de vigilancia, así como carteles de prohibición de arrojar las urnas. Porque ya se sabe, como animal de costumbre que somos, todos los rocieros querían que le echasen sus cenizas en **"El Rocio"**, como sus conocidos que les antecedieron. Multando a todo aquél que se le viese incumpliendo la prohibición. Ya que producía un efecto degradante, en los rocieros y demás curiosos de la romería, ver el lugar saturado por doquier de urnas con las cenizas.

Quizá alguna vez te hayas preguntado, ¿por qué a los fallecidos sepultados en tumbas de suelo, se hace a 2 metros de profundidad que hay que bajar el ataúd con cuerdas, para que repose en el fondo de la misma. Pues la explicación es simple, con el aumento del estudio por la anatomía humana, **"los roba cadáveres"** empezaron a profanar las sepulturas, en busca de tan preciado **"producto"** que era solicitado por todos aquellos que se dedicaban a la medicina. Ante tal situación los familiares empezaron a poner el grito en el cielo, al comprobar que sus queridos finados, habían sido extraídos de sus tumbas. Ante tal oleada de profanaciones, los gobiernos municipales, sacaron la ordenanza de que los cadáveres debían ser depositados a una profundidad mínima de dos metros, con la finalidad de ponérselo difícil al amigo de lo ajeno.

Las fosas comunes suelen ser el eslabón final del finado. Ya que ahí son depositados, todos aquellos que nadie reclama. Su uso más común ha sido en guerras y grandes catástrofes naturales, donde la gran cantidad de cadáveres y la premura sanitaria, hacen que su uso sea muy recurrente. También van a parar a las fosas comunes de los que ya nadie reclama, que una vez transcurrido el tiempo de alquiler de 5 años o 99 años, los tipos más comunes de alquiler en los cementerios municipales, se les exhuma y son depositados sus restos en la fosa común. En los cementerios sacramentales, donde en teoría las sepulturas son **"a perpetuidad"**, eso hay que matizarlo. Si bien es así en el documento cuando se hace la compra de una de ellas, existe la cláusula de que, si la sepultura se encuentra en estado ruinoso, el cementerio sacramental tiene la facultad de exhumar el cadáver, para la reutilización de la misma. Lo que suele ocurrir con los fallecidos enterrados más antiguos del cementerio, donde sus herederos ya ni siquiera saben muchos de ellos de la existencia de éstos.

En España, la Ley de la Memoria Histórica confeccionó un mapa con todas las fosas comunes de la guerra civil localizadas, quedando éste plagado de fosas más de 2000. Aunque hay cálculos que dicen que debe haber el doble, por no haberse hecho nunca un estudio exhaustivo de éstas. Donde ambos bandos, republicanos y nacionales, cometieron atrocidades sobre todo con la población civil. Calculándose con un total de 200.000 las víctimas.

El luto

Aunque con el paso de los años ha ido perdiendo fuerza el luto, aun los hay que se aferran a él más que por creencia, por costumbre. Las mujeres se cubrían de riguroso color negro en todas sus prendas. Por un lapso mínimo de dos años, siendo las viudas las que, para muchas de ellas, pasaba a ser éste su "uniforme de por vida". Por el qué dirán básicamente.

Los hombres algo menos rigurosos, suelen llevarlo el día del entierro, por aquello de cumplir y evitar el qué dirán. Después el color negro luctuoso queda reducido a llevar un crespón o brazalete negro de tela en la solapa el primero y en la manga el segundo, durante un tiempo. Aunque cada día hay menos costumbre de ello, siendo ya casi residual en algunos lugares, esa costumbre. Perviviendo aún en los pueblos, que en las grandes ciudades.

Porque no sé por qué extraña razón, las personas deben mostrar tristeza por el finado, como si no, fuese considerada una falta de respeto por el fallecido.

Mostrándose compungidos, ante los familiares o conocidos. O sea, una vez más tenemos que ser hipócritas por el dichoso que dirán. A medida que pasa el tiempo y se va disipando el recuerdo del finado, el luto desaparece.

Arte funerario

Desde los tiempos más remotos de la historia, hemos intentando honrar a nuestros muertos, con todo tipo de imágenes que les ensalcen lo que fueron en vida.

Los dólmenes son una de las primeras manifestaciones de que se tiene conocimiento. Los menhires, las piedras rúnicas y petroglifos son otras manifestaciones.

En la cultura occidental, se adornan las sepulturas, nichos, mausoleos, columbarios y ceniceros, con todo tipo de estatuas u orfebrería. Con ángeles, vírgenes, cruces y de los más variados adornos representativos con lo que fue en vida el finado. Véase como ejemplo más destacable **"los guerreros de Xian"** miles de esculturas hechas a tamaño real humano, para acompañar en el viaje al más allá al emperador chino.

En el arte funerario musulmán, no existen las representaciones de figuras, santos, hombres o animales, ya que están en contra de la idolatría.

Pero en las distintas religiones y culturas hay manifestaciones representativas de cada una de ellas, salvo raras excepciones. En la cultura cristina católica, en los mausoleos, tumbas, nichos y columbarios están presentes las lápidas y demás orfebrería.

Con una amplia variedad de adornos, como ángeles, vírgenes, cruces, tipos de letra, jarrones, vasijas, jardineras; etc. Una forma de ajustarse a la particularidad y gusto de cada persona.

La Imaginería

Es una especialidad del arte religioso, representada en tallas de madera policromada la mayoría, aunque también las hay en escayola, barro cocido o pasta de papel, de iconos religiosos, como Jesús y María, vírgenes, santos y ángeles. Con un realismo tan convincente que llegas a pensar que estás delante de un ser vivo.

Dado el esmero con que se confeccionan las tallas, los vestidos, los cabellos postizos; etc.

Su mayor uso está concentrado en la Semana Santa y en su uso en los retablos de las iglesias y catedrales. Existen distintas escuelas, como la castellana, andaluza, murciana o canaria.

En los últimos tiempos ha decrecido el uso de la imaginería mucho, quizá por la pérdida de fe en nuestra sociedad actual. Donde los conceptos religiosos han ido a la baja, unido a la perdida de nuestras tradiciones. Prueba de ello es, que podremos contemplar en nuestras ciudades, la gran cantidad de tiendas dedicadas a ésta, que han cerrado sus puertas. No hay más que resaltar **"El Belén"**, que en muchas casas ha sido substituido por el árbol de navidad, de cultura pagana nórdica. Con lo cual la gran cantidad de figuras que configuraban el mismo, dándoles una belleza de gran realismo del misterio, ha pasado al olvido. Salva aún un poco la cosa, la devoción de los feligreses por la Semana Santa, que con sus vírgenes ayuda a no extinguirse la imagenería.

Los cementerios no han quedado ajenos a ello, por eso cada vez se ven menos imágenes en las sepulturas. Entre otros factores, están la perdida fortísima del sentido religioso de antaño, la crisis económica que ha hecho a muchas familias prescindir de ellas, la gran depredación que hay por los **"amigos de lo ajeno"**; etc.

Los distintos tipos de misa

Existían antaño una gran diversidad de misas, pero la pérdida de credibilidad religiosa, las ha condenado el paso del tiempo, a que prácticamente hayan desaparecido o su uso sea muy residual. Empero, hay unas que aún conservan su fuerza, como son la misa de exequias, la misa de séptimo día, la misa de cabo de año y la misa de aniversario.

Porque hay algo curioso en esto de los difuntos y es, que haya sido una buena persona, haya sido una persona que ni fu ni fa o haya sido un demonio; nadie se queda sin su misa. Podréis comprobar si dais un repaso a los sepelios a los que habéis acudido, que siempre se reza durante la misa una oración por su alma. Y me pregunto, ¿no es una pérdida de tiempo, si ha ido al infierno? ¿O es que aquí, ¿todo el mundo es bueno? Claro, supongo que, como ese juicio solo lo puede hacer dios, según el credo cristiano; el señor cura, trata de cubrirse las espaldas, como diciendo sé que fue un demonio en vida, pero merece el perdón de dios. O quizá algún cura, puede llegar a temer por su integridad, si no la oficiase. Ya que el sí fue bueno o no, es algo subjetivo, que según el lazo familiar será interpretado. Prueba de ello es, Méjico país donde hasta los narcotraficantes son venerados como santos.

Sin embargo, **la misa de exequias**, que es la que se celebra en el funeral por el finado, aún sigue con fuerza, ya que es la más difícil de escabullir. Dónde suele salir la retahíla de siempre, **"dios acógelo junto a ti, que fue un alma caritativa"**. Eso se sabrá a veces, otras muchas, quedará la duda. Pero como el que paga es el cliente, pues se dice y ya está, aunque los presentes, tengan constancia que fue en vida

"un cabrón" el finado.

La misa de séptimo día, no puede faltar, ya que la cosa está aún reciente y como animal de costumbre que somos, se celebra dicha misa, para recordar a los allegados, que aún tenemos nuestro pensamiento con el finado. O sea, por el que dirán, convocándose a los más allegados para que comparezcan, cosa que muchos harán por quedar bien, aunque la consideren un tostón., sino saben que serán **"la** diciéndose fulanito no fue y menganita tampoco.

La misa de cabo de año, no puede faltar, ya que sirve para confirmar a los presentes, que el finado, aunque ha pasado un año, no ha pasado a ser como dice el refrán…**"si te he visto no me acuerdo"..**

Y finalmente está la **misa aniversario** a la cual podría jurar que, en muchos casos, ya no asiste nadie. Como cuando lees…**"mañana se celebrará el 50º aniversario por Zutano"**. Primero porque los que le conocieron en vida, por simple orden cronológico habrán fallecido, segundo porque ya están **"hasta el gorro"** de ir todos los años por el dichoso difunto y tercero, porque se les hace tedioso tener que aguantar el sermón del sr. Cura por el finado, del cual ya casi nadie se acuerda.

El fascinante descubrir de nuestro árbol genealógico

Sin duda una de las cosas más fascinantes, que muchas veces no solemos fijarnos es, el sentir la curiosidad de saber de dónde procedemos, quién fue tal o cual antepasado nuestro. Al fin la genética se ha ido transmitiendo generación tras generación, en esa cadena constante de renovación. De la cual somos un eslabón más. Alguna vez quizá te ha llamado la atención al ir a un entierro, al fijarte en nombres de familiares que desconocías y eso te ha hecho despertar

 interés de quiénes eran y de dónde procedía cada cual. Es como un viaje al pasado, como poder visualizar que hacían los que te antecedieron. Aunque parezca mentira, a partir de un nombre en una sepultura, puedes llegar a **"destripar"** todos los entresijos de la familia. Llegando inclusive a enterarte de cosas que jamás supieron los que te antecedieron. Y eso produce una gran satisfacción, el poder averiguar sin la censura familiar, con pelos y señales todo lo referente a ella. Puesto que ya se sabe que, en las familias, se suele ensalzar lo importante, bello y destacable. Mientras que, por ende, se suele ocultar lo mezquino, feo e intrascendente. O sea **"tapar los trapos sucios"**.. Es una ardua labor que lleva su tiempo y deberás perseverar mucho, para a partir de un nombre en una sepultura, llegar a forjar todo tu árbol genealógico.

Lo primero que te pasará seguramente es, ¿quién era este? Ya que quizá desconozcas completamente todo sobre él.

Una vez que consigues la fecha de defunción y tienes el nombre que figura en la sepultura, te tocará o bien escribir al registro civil dónde falleció. Y cuando te envíen el certificado de defunción, te vendrán consignados los nombres de los padres del susodicho, así de la localidad de donde eran naturales. Eso suele variar de registro a registro, según la localidad. Una vez que ya tienes los nombres de los padres, te tocará descubrir dónde están enterrados y empezar otra vez a escribir a los registros civiles pertinentes. Si consigues la fecha exacta de nacimiento, podrás recurrir al registro civil o a la parroquia dónde fue bautizado. Ya que en los registros civiles solo podrás conseguir datos hasta una antigüedad del año 1871, cuando fueron creados. Todos aquellos familiares que hayan nacido con anterioridad a esa fecha, solo te quedará recurrir a los registros parroquiales, por lo que será muy importante averiguar la localidad exacta de dónde nació. E ir desenredando la madeja que es esta tarea, como recurrir también en caso de que haya n sido funcionarios, a archivos del ministerio correspondiente, como del interior, militares, hacienda, seguridad social; etc.

De qué trabajó tal o cual, sus méritos, sus faltas, hijos que tuvieron, sus desgracias y sus dichas. Será como verte como un mero espectador, delante de una pantalla viendo la película, reviviendo todo aquello que les tocó a ellos vivir en su época.

Ahí empezarás a cruzar datos, para a través de fechas, lugares, nacimientos, casamientos o defunciones, vayas realizando aportaciones que te permitan continuar con esa labor hasta donde puedas. También son fuente de información, los obispados, hemerotecas, lugares donde trabajaron; etc.

Irás sintiendo la satisfacción cada vez que consigas una pieza de ese **"rompecabezas"**, descubriendo cosas inverosímiles o imaginables de la familia.

Hasta que llegues a culminar su finalización, hasta donde te fue posible averiguar. Cosa que, sin querer desalentar a nadie, te puede llevar años.

Pero también sentirás la dicha de por fin saber de dónde procedes, quienes te antecedieron, qué fueron, qué hicieron, en esa transmisión de eslabones generacionales. O sea, saber por fin tus orígenes ancestrales.

Y si consigues fotografías de los susodichos, verás los parecidos o no entre ellos.

Los que destacaron como personas y los que **"mejor olvidar"**, ya que nada orgulloso dejaron en la trilla de sus vidas. Pero al fin de ese conglomerado procedes y de lo bueno y de lo malo tendrás que saber.

Una vez finalizada la tarea de recabar datos, querrás que queden expresados de alguna forma, cosa que podrás hacer o bien haciendo una biografía familiar o un árbol genealógico y si puedes hacer los dos, pues mucho mejor.

Descubrirás cosas curiosas, de por qué no están enterrados juntos los cónyuges, por qué un miembro directo de una familia está enterrado separado; etc. En los fallecidos más antiguos, sabrás hasta de qué murieron.

Las presencias del más allá

Aunque parezca que no, casi todos conocemos casos de manifestaciones del inframundo. Cosas que nos pasan o suceden a otros, que le atribuimos un origen místico.

Probablemente no pasen de ser meras casualidades del destino, pero que, a nuestros ojos nos parece demasiada casualidad.

Recuerdo un caso familiar, que me contaron, de un tío de mi madre, que viuda como había quedado, sin ningún tipo de pensión como pasaba en aquél tiempo, un hijo suyo se veía obligado a pasarse las noches en vela en el desván de una tienda a modo de disuadir posibles ladrones, para ganarse unos dineros. Cosa que aprovechaba dicho hijo, para estudiar, ya que se estaba formando como médico. Según le contaba a la familia, una noche le pasó que, a la luz de una vela, mientras leía sus apuntes, oyó el sonido como si de unos pasos sonoros se desplazasen por el desván y de repente zas…un soplo y se le apagó la vela. Cogió las cerillas y volvió a encender la vela y cuando ya había transcurrido un buen rato, volvió a repetirse la escena anterior, sintiendo como soplaban desde su espalda y apagando la vela. Acudió al sacerdote de su iglesia y le explicó lo sucedido y como no podía ser de otra forma, éste lo atribuyó al maligno.

Otro caso también familiar, sucedió una semana después de haber muerto mi padre, estando la señora que me cuidaba en casa mientras era pequeño, charlando con mi madre sobre lo que le gustaba a mi padre un bonito jarrón gris de porcelana, de repente…**"tin"**…se oyó un sonido metálico proveniente del jarrón. Se acercaron para ver qué había sucedido al jarrón y se lo encontraron que estaba rajado de arriba abajo, pero sin haberse desplazado nada de éste de su sitio. Llamándolas poderosamente la atención, que hubiese sucedido dicha rotura del jarrón, justamente cuando hablaban del gusto de mi padre por el mismo, habiendo fallecido una semana justa antes.

Probablemente tenga alguna explicación científica que se ha aliado con las casualidades del destino, pero son cosas que te hacen qué pensar.

La reflexión de la muerte

Y llegarás a entender cosas que habían quedado en el misterio de lo desconocido, comprendiendo porqué esta o aquella reacción. Resolviendo inclusive enigmas familiares que no se sabía su causa. Ese concepto negativo que se tiene de los cementerios, viene determinado, porque significa el final de la vida. Algo que siempre ha traído de cabeza al hombre desde los orígenes más pretéritos. Como ser que ocupa la cúspide del mundo animal, le cuesta asimilar que vaya a tener un final igual que las más insignificantes formas de vida que existen. Se preguntará, ¿cómo mi fin va a ser igual que el de un gusano? Es esa idolatría la que le tiene con esos aires de superioridad hacia los demás.

Por eso se les escapa al entendimiento, que después de haber estado pagando su **"pirámide"**, cosa que le puede llevar 40 o más años, tenga que chocar con la realidad de que sí, que con suerte, algunos habrán conseguido pagarla u otros se la habrán dejado en herencia la deuda a sus hijos, en el empeño de acabarla de pagar. Quizás sea por eso que, aunque lo entienden no lo comprenden. ¿Cómo si no, consumen su existencia por algo que tal vez lo más seguro es, que no logren ver acabado de pagar? Y si lo logran, se les habrá ido la vida en ello. Pues muy simple, porque alguien les ha debido asegurar que vivirán muchos años. Que no se quedarán sin empleo durante esos 40 años, que no serán desahuciados, que no enfermarán; que no se divorciarán; etc En una sociedad en que, si no tienes hipoteca, no eres persona. Pero da igual somos como un rebaño, que se guía por la oveja guía, que nos llevará a copiar lo que vemos, como en el caso de Mengano, que se separó de la mujer, no fue capaz de seguir pagando la hipoteca y se colgó de una viga. Contemplo su lápida. y pienso para mí, ¿ morir por una hipoteca? Pero en eso consiste la vida, de que, en nuestro caso, será diferente y nosotros no cometeremos los errores de los que nos antecedieron y que todo nos saldrá bien. Ahora bien, lo único que si tendrán seguro es, **"que su caja de pino"** si saldrá por la puerta de **"su casa"**. Hayan o no acabado de pagar la hipoteca.

El positivismo es lo que mantiene en la esperanza al hombre, ya que a él todo le saldrá bien, vivirá muchos años para poder gozar de todo lo acumulado. Alguno te argumentará y no sin razón que, si no pensase así sería un sinvivir. Por eso, aunque sea casi imposible que se cumpla esa profecía de vida, mejor vivir como un iluso. De que todo estará bien controlado y que será una vida maravillosa; etc. Preferimos pasar nuestra existencia **"narcotizados"**. Con lo que en su día pregonó el **"el abuelo Paco"**, que España un país que había salido de una guerra civil, devastado y bloqueado por los Aliados por su apoyo al Eje, no le quedada a los españoles más que dos alternativas. O cogían la maletilla de cartón y se iban de emigrantes o sino se quedaban para trabajar como albañiles o peones, en un país casi sin industria. En el que,**"el abuelo Paco"** inculcó al españolito de a pie, que tenía que embarcarse en una hipoteca, para tener su casa propia. Una forma de fomentar que hubiera construcción en un país con una economía autárquica. Antes nadie pensaba en comprar, aunque tuviese dinero, la mayoría de la población vivía de alquiler, como pasa en los países más avanzados de Europa. Pero los defensores dirán, así no se tira el dinero como pasa cuando se paga un alquiler. Claro que no, se da de ganar a los bancos pagando una enormidad de intereses, empeñado de por vida con una hipoteca que te hará vivir 40 años con la angustia al cuello de que, si no consigues hacerla frente, te desahuciarán y te quedarás colgado hasta el fin de tus días con el banco. Y al que con suerte le sonrían las cosas, podrá tener la satisfacción de cuando lleguen a viejos y tengan el piso pagado. Ya se encargarán los hijos de buscarles una residencia de ancianos, donde les puedan dar la atención que se merecen.

No se puede tolerar, que el destino te vaya "**a robar de un plumazo**" todo aquello por lo que luchaste durante toda tu vida, como un iluso. Que en su día te dijeron que debías hacer. Como buen previsor (porque

"**La Pelona**", le ha asegurado que llegarás a los 90 años), vas pagando tu plan de pensiones, con la seguridad de que llegarás a la edad de jubilación y aún disfrutarás de muchísimos años más de vida con buena salud para poder gozar de todo aquello que fuiste acaparando, como la hipoteca pagada, buen dinerillo en el banco; etc. Mira que hay que ser inocente eh. Pero aún los habrá que dirán, yo solo hago lo que veo que hacen los demás.

El que ha tenido suerte y ha conseguido alcanzar los objetivos, a los que todos aspiraron cuando se dio el pistoletazo de salida en la vida; aún quizás tengan que lidiar, con que tengan que acabar después de todo lo logrado en una "**residencia de ancianos**". Ya que sus hijos les dirán… "**Papás vais a estar de lujo**" en esta residencia". Ya que los hijos tienen que seguir la ley de vida y no están para aguantar que solo les van a hacer la vida imposible. Los viejecitos pensarán, **¿tantos esfuerzos por llegar a pagar la hipoteca y al final los hijos nos aparcan como unos trastos en la residencia?** No os preocupéis, que ya darán buena cuenta en su uso vuestros hijos de todo aquello por lo que luchasteis tener a la vejez. Os quedará la satisfacción de cuando estéis en la residencia, que al menos vuestros hijos estarán disfrutando de "**vuestra obra**" Será por aquello de que como nos consideramos tan originales y únicos, solo hacemos lo que vemos que hacen los demás. Porque teniendo en cuenta que solo el 60% de las personas llegan a la edad de jubilación, los que llegaron alcanzarla, se consuelen que, aunque pagaron la hipoteca igual que el que ha vivido de alquiler 40 años; lo que cuenta es que, aunque ahora tienen 80 años, cumplieron la meta. Sintiendo la satisfacción por el objetivo cumplido. Y de que vivieron 40 años con la ilusión de que eran propietarios, pero **"inquilinos del banco"** durante 40 años, porque hasta que no pague la última mensualidad, el dueño es el banco, Mira Zutano, se separó y el juez le condenó a abandonar el hogar, para disfrute de su ex-mujer y su hijo y él sigue pagando la hipoteca para no perder todo lo invertido. Como no le da para más, vive en el coche. Y él dirá, yo que me consideraba único y especial, solo hice lo que veía que hacían los demás, querer ser propietario, aunque hipotecase mi vida.

Quizá por eso cuando le llega la noticia de que ha fallecido un conocido de edad parecida a la suya, le entre a más de uno el tembleque. Y diga, joder ahora que lo tenía todo pagado y estaba cerca su jubilación, va y se muere. Como si el dinero fuera el epicentro de la vida.

Creo que solo en esos percances, es cuando salen por un momento de ese mundo idílico de ilusión. Pensando, vaya putada le ha jugado el destino. Pero como el hombre es el único animal que tropieza con la misma piedra, dirás… Ah pero a mi no me va a pasar eso. Una vez finalizadas las exequias por el conocido, se marchan y al salir por la puerta del cementerio, vuelven tan contentos a su vida de antes, como si nada hubiera pasado. Porque le recorre un escalofrío, solo de pensar que eso mismo le podrá pasar a él. Pero no, el consciente se niega siquiera a pensar que a él le pueda pasar esa posibilidad. Dirá vivamos la vida, con la ilusión de que todos nos bajaremos en la **"última estación"** del tren de la vida. Total, mientras transcurrimos nuestra existencia hipnotizados, fantástico será´, vivamos el momento. Que los ilusos también tienen derecho a soñar.

Y como además siempre nos quedará la duda de lo que podrá haber en el más allá, mientras a transcurrir la existencia.

Empieza a anochecer y el **"dormitorio"** se va oscureciendo, una suave niebla empieza a envolver las sepulturas, causando una sensación inquietud. Al fin en nuestras creencias fantasmagóricas, todas esas figuras y actos suceden de noche. La niebla se va cerrando más y más, hasta hacer casi imperceptible lo que nos rodea. El ambiente sombrío nos hace recordar ese inframundo, como avisándonos que es nuestra hora de salir, ya que todas esas manifestaciones del más allá llegan para ocupar su espacio que les corresponde.

En el eco de la noche se empieza a oír los búhos con su sonido gutural característico, mientras vamos caminando en busca de la puerta de salida. Entrándonos una congoja mientras deambulamos entre mausoleos, tumbas y nichos, mientras nuestros pensamientos se centran quizá para calmarnos, en nuestros seres queridos que partieron en su día para el más allá. Y aunque los muertos son los que menos nos debería preocupar, ese miedo de apodera de nosotros. Quizá influenciados por las historias de fantasmas. Y claro está, entre la oscuridad, cruces por todo lado, fotografías de los finados y estatuas de representación religiosa, imponen y mucho.

Las profanaciones

Los cementerios no quedan exentos de loa actos de vandalismo de la barbarie humana, donde se entremezclan rituales satánicos, brujería, vandalismo, robo, profanación de tumbas; etc.

En los cementerios se cree que su tierra de muertos, es la ideal para realizar magia negra, ya que se cree en su enorme poder destructivo.

Empleándose para rituales de **"amarre"** (para conquistar a otro)**,** rituales para hacer enfermar gravemente e inclusive matar. Suelen realizarse entre la 1 y 3 h de la madrugada, donde los vándalos abren sepulturas o nichos para extraer la osamenta de los cadáveres para rituales satánicos. También se encuentran rituales afroamericanos como **"la macumba"**, ritual que emplea degollar gallinas, llenar botellas de sangre y poner velas negras o rojas, pasa desearle mal ajeno a alguien.

Si aún es creyente le quedará el consuelo, de que el final de su existencia material será distinto, ya que tiene **"alma"**. Pero en los tiempos actuales, en que la religión ha decrecido mucho en la cultura occidental, eso de la resurrección es algo ya descartado por muchos creyentes. Con lo cual ese consuelo de nada le sirve, ya que la fe ha hecho a más de uno sospechar, ¿será que hay algo o no hay nada?

La idolatría

Existen cosas curiosas y una de ellas es, la tendencia que tiene el ser humano de idolatrar todo lo que deja de existir. No es raro y más de uno habrá observado que alguien que era relativamente famoso, pasa a ser objeto de culto y a valorárselo mucho más después de muerto. Dándose casos de cantantes, pintores, políticos, músicos, escritores; etc. Que pasan a ser personas de culto a su personalidad después de haber fallecido. Cuando a lo mejor en vida, jamás llegaron a vender ni un libro ni un cuadro. Patético resulta, que te llegue el reconocimiento después de muerto. Parece una actitud burlesca hacia el finado. Como si fuese imprescindible morir para obtener tal reconocimiento. Alcanzando muchos de ellos, grandes sumas de dinero sus obras en las subastas, cuando de vivos sus autores, llegaron casi a vivir en la indigencia. Parece ser que es común en el ser humano, el valorar las cosas cuando ya no las tenemos. Como queriendo negarle al vivo, que pueda disfrutar de dichas regalías en vida. O sea, has de morir, si quieres llegar a ser famoso, parece. Como ejemplo tenemos a Van Gogh, que en vida fue incapaz de vender un solo cuadro y sin embargo ahora sus obras alcanzan cotizaciones elevadísima.

El vampirismo ligado a la muerte

Ser que se alimenta de sustancias de otro ser vivo, para mantenerse activo, hasta provocar la muerte de su víctima, según la tradición. Según las creencias populares, suele tener aspecto demacrado con una enorme palidez. Las causas pueden ser; predisposición desde el nacimiento, por muerte prematura o violenta, por incumplimiento de rituales religiosos o funerarios, como maldición por acciones sacrílegas o criminales, por mordedura de un vampiro; etc. Como personajes más conocidos tenemos a Vlad Tepes, la condesa Elizabeth Bathory, Gilles de Rais, Henry Fitzroy; etc. Como enfermedad psicosis esquizofrénica, para explicar la realidad vampirica de criminales reales. En la creencia popular una forma de acabar con los vampiros, consistía en desenterrar pasados unos días el cadáver y clavarle una estaca. El escritor irlandés Bram Stoker, es el que mayor difusión a logrado del personaje con su novela **"Dracula".** Llevada al cine como **"el muerto viviente"** en infinidad de películas, como la más famosa **"Nosferatu",** la primera película llevada al cine por el cineasta F.W. Murnau, del escritor Bram Stoker, bajo ese nombre, ya que no se consiguieron hacer con los derechos de la novela, por la negativa de la viuda del escritor. Que demandó al cineasta por la violación de los derechos de autor, ganando y mandándose destruir la película, cosa que se hizo, pero algunas películas se salvaron por estar escondidas por particulares.

El zombi

Figura legendaria propia del Vudú, del muerto resucitado, de origen africano, con una implantación muy fuerte en Haiti. Mediante el cual un hechicero, es capaz de resucitar a un difunto, sometiéndole a su voluntad. Se investigó sobre su existencia, llegándose a la conclusión que solo se ha documentado casos de personas sometidas a través de drogas psicoactivas que les privaban de voluntad. Quedando en rumor eso de que eran **"muertos resucitados"**.

El sepelio

Llega el día más crucial para todas las familias, la despedida del ser querido o allegado. De riguroso luto, los familiares se dirigen al cementerio, donde se celebrará la despedida definitiva del finado. Una procesión de coches sigue al coche **"del último viaje"**, que porta el ataúd. Se llega al cementerio y en las proximidades del nicho donde será enterrado, se arremolinan los familiares y allegados. Cubiertos los preceptivos procedimientos religiosos, el empleado funerario sube por la escalera ayudado por otros para introducir el ataúd en el nicho, pero se le resiste, viéndose forzado a tener que dar un empujón, escapándosele un **"sonoro pedo prrrrr..."** Dejando patidifusos a los presentes, que se miran entre sí. Pero como la ocasión lo requiere, todos bajan la vista otra vez al suelo, como si nada hubiera pasado, compungidos como están. Pero está claro que será el recuerdo que quedará   para la posteridad de ese entierro. Que, al sepulturero, se le escapó delante de los presentes un sonoro pedo.

Por ese condicionante psicológico que tiene todo lo asociado con la muerte, los cementerios son el escenario perfecto, donde psicofonías, apariciones, fantasmas, presencias están a la orden del día. Quizá condicionado por lo que nos han contado, hemos leído o simplemente fenómenos que a día de hoy no tienen explicación. Que unos lo atribuyen a un origen religioso, otros a un origen paranormal u origen científico poco claro aún a día de hoy. Que el cerebro de cada cual procesará según sus creencias

Pues es indudable que infunde mucho respeto lo desconocido, **"del más allá"** en el ser humano, siendo el fruto de sus miedos. Los cuales, hacen que esas manifestaciones sean más o menos.

Quizá sea un comportamiento de los grandes mamíferos, como los elefantes, que cuando presienten la muerte buscan el **"cementerio de   elefantes"** como para sentirse arropados por los que les antecedieron. Ya que es el trance más trascendental de un ser vivo. Dejar de vivir. Cuando se siente esa necesidad de volver al reencuentro con los orígenes.

Queda claro que nuestra memoria histórica desde el origen de los tiempos en las cavernas, está ahí y no nos abandona, a pesar de nuestra evolución. De modo que nuestros miedos genéticos están ahí. Probablemente, en su egoísmo excéntrico el hombre se niega por todas las maneras, que va a dejar de existir. Motivo por el cual está la religión, los espíritus, los fenómenos paranormales, los médiums que permiten según creencia contactar con el más allá; etc.

Contactar con los muertos

Varios prohombres, aseveraron que era posible contactar con los muertos, como por ejemplo, Oliver Lodge (inventor de la telegrafía), Albert Einstein (teoría de la relatividad), Arthur Conan Doyle (Sherlock Holmes), Thomas Edison (inventor del fonógrafo y la bombilla); etc. Todos ellos investigaron y aseguraron que era posible contactar gente fallecida. Dichos contactos se han producido por medio de psicofonías, televisores, teléfonos, ouija; etc. No todas estas formas son positivas, la ouija, está considerada una forma de energía negativa peligrosa. Son formas de contacto, que no están aún del todo claras, a la espera que en un futuro, la ciencia las desarrolle y les dé una explicación científica. O que también se aclare si no son producto de nuestro cerebro. No hay que caer en el error de muchos charlatanes, que desvirtúan esa realidad, con su negocio especulativo. Donde muchos médium se hacen pasar por personas serias, cuando en realidad lo único que hacen es aprovecharse de la ignorancia de las personas. De forma que aprovechándose de estudiar bien el tema sobre lo que debe abordar con alguien, diciendo cosas ambiguas, usando mucha psicología; etc.

Desde el punto de vista de un ateo, a un creyente se le hace difícil comprenderlo. ¿Cómo voy a dejar de existir? Dejará de existir el cuerpo, pero no el alma. A ésta le resta la eternidad (nada menos). De manera alguna, puede asimilar que su fin vaya a ser igual que el de un insecto, por ejemplo. ¿Será el temor a la muerte (el fin), lo que le hace agarrarse a la resurrección o reencarnación? Es bonito imaginar, que todos volverán a la vida, en un lugar ambiguo. Así al menos se transcurre la existencia con algo a lo que agarrarse, que infunda el sosiego, que nos libere de la angustiosa idea de que todo se acabó. Probablemente, al pasar en la escala evolutiva a humano, surgió la necesidad ante los temores hacia los fenómenos de la naturaleza, de agarrarse a una piedra o un trozo de madera, empezando la idolatría que fue derivando a la creación quizá de la religión.

Anticipándose a la muerte

Bernardo era un joven de 24 años, que en plena juventud se encontraba pletórico, como el que se va a comer el mundo. Acabando su carrera de arquitecto y haciendo planes con su novia Brianda, como todo joven de su edad. Se consideraba un hombre muy feliz, había conocido el prototipo de mujer idealizado por él, cosa extremadamente difícil de lograr. Cada vez que veía a su novia, le parecía un ángel bajado del cielo para él. Tenía el pelo color rubio café con leche, con una piel muy blanca nacarada, lo que hacía resaltar lo pecosa que era. Pero sobre todo, lo que más le encandilaba era, que fuese una mujer muy dulce y sensual, con un saber estar elegante, que atraía a las personas. Nada que ver con las mujeres que generalmente había conocido en su vida, donde la mayoría eran **"asilvestradas"**, que tenían un lenguaje procaz, de la típica verdulera que te dice… ¡me vas a comer el coño!, ¡me paso por el coño lo que tú me digas!, ¡eres un hijo de puta!; etc. Su educación al hablar le fascinaba, que no siendo para nada una mujer sometida, tenía una elegancia al hablar que cautivaba a los interlocutores. Lo que corroboraba, que **"por mucho que la mona se vista de seda, mona se queda"**, o sea cada cual llevamos el pedigrí del que procedemos. Y había algo en común que les unía, que era su pasión por visitar los cementerios. Por eso los demás les veían como una pareja rara, pero a ellos les fascinaba contemplar todas las manifestaciones artísticas de los que duermen **"el sueño eterno"**. En su romanticismo, les infundía una dicha enorme, comprobar en las sepulturas, como a pesar de la tragedia de la muerte, los deudos del finado habían tenido a bien, dejar reflejado el amor, bien sea samaritano, filial o de cónyuge. Muchas veces con su frescura de la juventud, se sentaban delante de la sepultura de la familia de Bernardo y él le decía a ella entre risas, **¿vendrás a verme cuando duerma aquí?** Ella le decía no seas bobo, cuando la figura de la muerte, se ve muy lejos por la lozanía de la juventud. A lo que él rebatía, si…si…acuérdate de mis palabras, vendrás y charlaremos mucho rato. Parecía que con sus declaraciones él, buscase confirmar algo premonitorio.

En la fiesta de su graduación, él, mientras bailaba con Brianda, le dijo, no sé qué me pasa hoy, que me siento enormemente cansado. Ella le respondió serán los nervios por tu graduación. Él la miró fijamente, aseverando, así será pues. Pero los días fueron pasando y se le hacía casi imposible hacer el paseo que hacía con su novia todas las noches, cuando le acompañaba hasta su casa. ¡Parece que tengo los pies de plomo! Le dice él a ella, el cansancio que llevo padeciendo no remite, sino que, al revés, cada día me siento peor. Ella le dice, pues tendrás que ir al médico a que te haga un chequeo, a lo que asiente él. Acude a la consulta de su médico de familia, que le conoce desde que nació, explicándole lo que le pasa. El Dr. le dice, pues vamos a hacer unas pruebas, que consistirán en una radiografía, una ecografía y unos análisis de sangre; etc. Te pasas dentro de una semana y te doy una respuesta. Él más tranquilo, sale de la consulta y acude junto a su novia, para contarle lo que le ha dicho su médico. Mientras tomaban su café en su cafetería favorita, ella le dice, ya verás tontorrón como no tienes nada importante, será algo pasajero.

Él a pesar de no tenerlas todas consigo, acepta la afirmación de ella y se tranquiliza.

La noche anterior a la consulta con su médico, Bernardo no consigue pegar ojo, dándole vueltas a lo que le dirá el médico mañana, cuando acuda a su consulta. Ve despuntar el amanecer como si fuese el inicio del crepúsculo de los dioses, angustiado como está, se viste deprisa para acudir a la consulta. Se persona en ésta y sin decir siquiera los buenos días, le espeta al médico…¿ Dr. ¿Cómo estoy? A lo que el médico le dice... ¡No tengo buenas noticias para ti Bernardo! Ya me lo temía replica él, ¿tengo algo grave? El médico sin rodeos, le asiente con la cabeza. ¿Qué tengo? Tienes una leucemia linfoblástica aguda. Impactado, Bernardo se derrumba en el sillón. Y le dice al médico, ¿está usted seguro, no será una equivocación? Ya quisiera que lo fuera, pero te conozco desde que naciste y no te voy a engañar. La cosa es grave, pero pondremos todos los medios para luchar con vehemencia contra ella. Bernardo en estado de choque, abandona la consulta, pensando cómo se lo va a contar a Brianda.

La llama por teléfono, preguntándole enseguida por la respuesta del médico, a lo que él le contesta, que quedan en su cafetería de siempre y allí se lo explicará con más detalle. Ella nerviosa balbuceando le dice, vale. Como si tuviese un mal presentimiento de que no van a ser buenas las noticias.

Se encuentran y él le dice, el médico ha sido claro conmigo, me ha dicho que lo que tengo es grave, pero que vamos a luchar con todos los medios contra el mal. ¿Qué tienes le inquiere ella? ¡Leucemia! Le contesta él. Enmudecida se queda con la noticia durante unos instantes, respondiéndole, hoy en día hay muchos adelantos, como trasplante de médula y mucha gente se cura. Él cabizbajo le dice, la mía no permite el trasplante aún, necesito someterme a un tratamiento previo. Ella estupefacta, no consigue contener las lágrimas, pero le dice, pero la quimioterapia y radioterapia, sí. Fuerza y valor es lo que tienes que tener ahora. Me pongo en tus manos, le dice él. Se abrazan, como un pacto de su lucha contra la enfermedad. Un torrente de ternura mana de éste, quedándose un buen rato así. El médico le cita para empezar la terapia. Empieza la feroz lucha contra el mal, con las sesiones de quimio, que le dejan baldado, al no poder ni con su alma. Ella que le acompaña le dice, anda Bernardo fuerza y tesón es lo que tienes que poner de tu parte. Su reacción es como no querer asumir la gravedad de la enfermedad a ratos, mientras que en otros se le ve totalmente hundido. Trata de no renunciar a nada de lo que hacía ya antes. Pasadas unas semanas, se hace los controles pertinentes y los resultados no son nada alentadores. Se le cae el pelo completamente, quedándose calvito como una bola de billar. Ella tratando de subirle su estado de ánimo, le dice, estás igual que un nene pequeño eh. Hace la vida normal, para obviar la enfermedad, participando en todas las reuniones y fiestas de sus amigos. Brianda le arropa en su estado de ánimo. Su círculo de amistades, impactado por la gravedad de su dolencia, procura evitar preguntar o comentar sobre la misma con ellos. Es como si hubiese una sensación de que se hubiera corrido un tupido velo. Él continua con sus estudios de Arquitectura, estudiando muchísimo, para tener la mente ocupada y no pensar en lo suyo. Cuando se ve con Brianda, le comenta que a ver si es capaz de acabar la carrera. Ella queriendo quitar hierro al asunto le dice, pues claro que si, menudas tonterías dices. Pero el nota que algo no va bien, ya que se siente cada día más débil. Acude a la siguiente consulta del médico, preocupado como está, siente la angustia de la intranquilidad de lo que le dirá. Van juntos y le dicen al médico al entrar en su consulta…Dr. necesitamos que nos diga toda la verdad, no vivir de espaldas a la verdad. Éste les dice, Bernardo la cosa no mejora y solo nos queda una oportunidad, dada la gravedad del asunto. Hay que echar el resto, intercambiando quimio con radio, es un tratamiento muy agresivo, por eso debes firmar tu consentimiento, para que el hospital de lo pueda proporcionar. Es la última baza que nos queda, visto que solo la quimio, no ha sido capaz por si sola de hacerla remitir. Y como no hay tiempo que perder, nos la jugamos, ya que es una enfermedad muy agresiva. Nada tengo que perder, contesta él. Vista su desmejora está muy delgado, pálido y demacrado. Perece que la enfermedad lo devora a pasos agigantados día a día. Apenas come por las ganas de vomitar que le provoca el tratamiento. A ella se le parte el alma, al verlo así, pero disimula, infundiéndole ánimos. Parece que experimenta una mejoría, que les hace alimentar la esperanza, ¿será por el brutal choque del tratamiento contra la leucemia? En los análisis siguientes, el doctor les dice, que los marcadores indican una mejoría, pero que hay que ser cautos, puesto que puede deberse al efecto rebote del brutal tratamiento. Jóvenes como son, ellos creen que aún se puede producir un milagro y curarse. Se sienten henchidos de esperanza, como un regalo de alivio que necesitaban oír. El médico les dice, hay que repetir la analítica para corroborar o no el resultado. Les dice de volver dentro de 15 días, para repetir el análisis. Son jóvenes y apuestan fuerte por la felicidad y se van a celebrar el resultado que les ha dado el médico. Yéndose de cena y después a charlar en su local favorito de música. Una vez cenados y ya en su sitio de música, a él empiezan a escurrírsele las lágrimas y agarrándole las manos a ella, le confiesa bajito, sabes, tengo miedo. ¿De qué? De que está puta enfermedad me vaya a separar de ti. Te quiero muchísimo y no consigo imaginar que después de haber tenido la dicha en la vida de haberte encontrado, ahora te vaya a perder. Ella le dice, gracias por tus palabras, pero Bernardo no puedes dejarte hundir. Lucha con todas tus fuerzas para acabar con la enfermedad. Ahí es cuando él le dice, tengo una intranquilidad conmigo, que es premonitoria, de que cuando sea el próximo, resultado de los marcadores no saldrán bien. Hay algo que me lo dice y es que yo noto que esa mejoría que tuve, se está esfumando. Llega el día de la consulta que va a confirmar los resultados. Entra en la consulta y no consigue contener el nerviosismo de sus piernas, que le tiemblan sin parar. Miran la cara del médico y su ceño, que no indica buenas noticias, más que la triste realidad. Y este les dice, chicos solo ha sido una mejora temporal, los marcadores lo delatan. Los glóbulos blancos se disparan machacándole los glóbulos rojos y plaquetas. Lo que hace que cada vez necesite con más frecuencia trasfusiones de sangre con urgencia. Los dolores van en aumento al igual que su necesidad de morfina. Su debilidad extrema le mantiene tirado en la cama, todo el día. La enfermedad lo devora con extrema rapidez. Lo que provoca que su cuerpo se llene de llagas, necesitando que le ayuden a voltear su cuerpo, para que no se le llene más de heridas. Brianda acude a verlo todos los días, charlando con él, adormilado como está, contándole todos los planes que piensan hacer juntos, cuando él se cure, pues aún cree en un milagro. Ella acude citada por el médico, para ponerla al día del estado real de su novio. Y le dice, no puedo hacer nada más por Bernardo, la leucemia ha ganado la batalla. Ella destrozada sale de la consulta y va al encuentro de su novio, negándose a admitir la realidad. Aun cree que la enfermedad remitirá. Él sin fuerzas casi para articular palabra, le asiente a todo lo que ella le dice, con los ojos medio cerrados, asiéndose con fuerza a su mano. Ella le mira y le brotan las lágrimas, al ver en el estado que se encuentra de penuria y de impotencia su novio. Él con los ojos cerrados le dice, no llores, procura tenerme siempre en el recuerdo y no dejes de visitarme, igual que cuando hacíamos nuestros paseos por los cementerios. Ella nota que su mano se afloja de la de ella, mirándole fijamente, nota como él esboza una sonrisa de paz y serenidad, del que **"suelta amarras"** con la vida. Se acerca para darle un beso, de hasta luego, cuando la mano de él, se descuelga completamente. Ella le abraza y le dice, adiós mi amor. Rompiendo a llorar desconsoladamente. A los dos días, acude a su entierro, destrozada, pero con la entereza de querer cumplir la promesa que le había hecho en vida. Está delante de la sepultura, donde él tantas veces le había dicho en vida, que vendría a visitarle. Pide que la dejen sola y ensimismada con sus pensamientos le dice, mira Bernardo, aquí delante te corroboro mi promesa de que vendría a visitarte siempre. Pero te tengo que contarte un secreto, la próxima vez no lo haré sola, lo haré acompañada de nuestro hijo. Que el destino quiso que no me enterase hasta el día de hoy, que tú antes de partir, me dejaste la semilla, para que vengamos siempre juntos a **"charlar contigo".**

Será por eso que los creyentes, no renuncian a la idea de que hay algo más después de la muerte. Sería durísimo admitir el fin. Por eso a algo hay que agarrarse.

De manera que se conforman, con que exista otra vida que, aunque difícil de definir, con ese halo o energía, que sirva de testigo de que con la muerte nos ha llegado el final más absoluto de la vida material pero no de la espiritual. Empero, los que se definen como ateos, aunque asumen el final de ésta, seguirán acudiendo a los cementerios en busca de la explicación de esa atracción por el misterio del final. Creyentes y no creyentes, tendrán ambos algo en común e ineludible y es que, en los cementerios estará siempre nuestro "ÚLTIMO VÍNCULO".

Madrid, 25 de Octubre 2016
A. Toledano de Diego

www.ingramcontent.com/pod-product-compliance
Lightning Source LLC
Chambersburg PA
CBHW031139250726

48655CB00002B/755